Island

Island

Fotografie
Olaf Krüger

Text
Karl-Ludwig Wetzig

Anaconda

Inhalt

Canyons im Wilden Nordosten. Bei den Echofelsen (Hljóðaklettar) im Nationalpark Jökulsárgljúfur. (oben). – Lavaschwarz und Moosgrün sind die Farben, die das menschenleere Hochland dominieren. Hier ein von Schmelzwasser umflossener Kraterkegel in der Nähe von Landmannalaugar (rechts).

Seite 8/9:
Lupinen umfließen förmlich einen der Inselberge auf dem Mýrdalssandur.

Seite 12/13:
Der Große Geysir im Süden Islands, der allen anderen Geysiren seinen Namen gab.

Seite 14/15:
Reykjavík im Sonnenschein: Das moderne Rathaus liegt direkt am See Tjörnin im Zentrum der Stadt.

Seite 16/17:
Der Wasserfall Seljalandsfoss, den man auch von hinten sehen kann, liegt direkt an der Ringstraße zwischen Hvolsvöllur und Skógar.

6

Ende der bewohnten Welt

Spät bin ich auf dem Weg.
Befahrene Straßen und Pfade
führen durch Täler und Berge,
gefunden ist jede Furt.
Überdeckt mit Namen und
Geschichten ist jeder Ort,
ich blicke anderen Zeiten ins Auge
auf allen Wegen und höre
ihre Stimme, selbst hier,
wo sich die hohen Berge reihen
und auf die weiten Sande segeln,
kühlblau, die Hochheiden
umstanden von schneeweißen
Schilden.

Hannes Pétursson

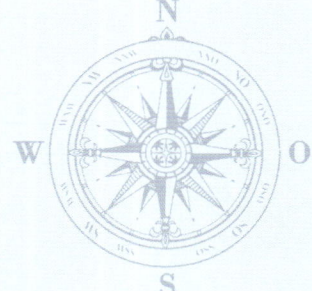

Kleiner Abschnitt eines gewaltigen Fjordsystems, der Arnarfjörður
in den Westfjorden (oben). – Allein auf Einzelhöfen siedelnd – das
prägte jahrhundertelang Lebensweise und Mentalität der Isländer.
Hof bei Dalvík in Nordisland (rechte Seite oben). – Ein Bad im Meer
am Polarkreis? Eingeleitetes heißes Wasser aus den Thermalquellen
macht's möglich. Naut홀svík, Reykjavík (rechte Seite unten).

Grímsey

Raufarhöfn

Kópasker

Þistilfjörður

Þórshöfn

Siglufjörður
*Eyja-
fjörður*
Skjálfandi
Öxarfjörður
Bakkaflói

Ólafsfjörður

Skagafjörður
HRÍSEY
Húsavík
Ásbyrgi
Bakkafjörður

Hofsós
Dalvík
NATIONALPARK
JÖKULS-
ÁRGLJÚFUR
Hljóðaklettar

Sauðárkrókur
Leirhnjúkur
818▲
Dettifoss
Vopnafjörður
Vopnafjörður

Varmahlíð
Akureyri
Krafla
Héraðsflói

1
Mývatn
Reykjahlíð

1
Borgarfjörður

NORDLAND-OST
1
Seyðisfjörður

NORDLAND-WEST
Herðubreið
1682
Egilsstaðir
*Lagarfljót
(Lögurinn)*
Neskaupstaður

Dyngjufjöll
Atlavik
Eskifjörður
*Norwegen
Dänemark
Faröer*

Öskjuvatn
1510
Askja
Fáskrúðsfjörður

Hofsjökull
1765
1
Kjalvegur (Kjölur)

Kerlingarfjöll
1158
2009
Bárðarbunga
1920
Kverkfjöll
Snæfell
1833

355
Berufjörður

SÜDLAND
Vatnajökull
OSTLAND
Djúpivogur

1719
Grímsvötn
Grímsfjall
Hornafjörður

*Gullfoss
Haukadalur
Þjórsárdalur
*Þóris-
vatn*
Höfn

Þjórsá
Langisjór
NATIONALPARK
SKAFTAFELL

**Laki
(Lakagígar)**
818
Öræfajökull
Jökulsárlón

1491
Hekla
Eldgjá
Hvannadalshnúkur
2119
1

Landmannalaugar
1
SKEIÐARÁRSANDUR

Þórsmörk
Ásar
Kirkjubæjarklaustur

Eyjafjallajökull
1450
1666
Mýrdalsjökull

Skógar
...maey
Dyrhólaey
Vík

0   N   50 km

✈ Flughafen (Intern.)

✈ Flughafen (National)

▮ Nationalpark

▯ Gletscher

🔵 Heiße Quelle

===== Piste

----- Fähre

★ Wasserfall

11

Island, die sprunghafte Schönheit

D ie Landschaft tief-schwarz und zerklüf-tet, urzeitliches Lava-geröll. In Senken türkisblau leuchtende Wasserflächen, auf-steigende Dampfschwaden, blan-ke Nirostastahlrohre. Aus ihnen faucht Überdruck, der zu dich-ten Wolken kondensiert. Am Ufer ein modernes Spa-Gebäude mit riesigen Glasflächen, hinter denen Badegäste auf Ruheliegen zu Chillout-Musik Cocktails nip-pen. Nein, Elfen und Trolle sind nicht zu sehen, und die Zottel-wikinger aus den Klischees der Werbebranche treten erst später auf. Island mag ein zweites oder auch mehr Gesichter haben, das erste ist das einer hochmodernen Gesellschaft des 21. Jahrhun-derts. Die Blaue Lagune nahe dem Internationalen Flughafen liefert ein treffendes Sinnbild für das, was gegenwärtig auf der ehemals armen Vulkaninsel am Polar-kreis geschieht: Indienstnahme einer stets unberechenbar brodelnden Natur mit den modernsten Technologien zugunsten unserer heutigen Spa(ß)-Gesellschaft. Was kann man sich schließlich auch »Kultigeres« vorstellen, als für ein verlängertes Wochenende in den subpolaren Winter zu fliegen und sich dort unter freiem Himmel in einer schnee-verwehten Poollandschaft mit körperwarmem Wasser aus dem heißen Inneren der Erde vom Alltag zu entspannen, ehe man sich, mit den Kosmetikprodukten von »Blue Lagoon« gesalbt, in das Nacht-leben von Reykjavík stürzt, das längst von sämtlichen Lifestyle-Magazinen der Welt als Hotspot auf dem Globus der Vergnügungen ausgesungen wurde.

Trotz aller kosmetischen Umbauten kann die Blaue Lagune nicht verhehlen, dass sie ein Retortenbaby ist, denn noch sind die Dampf-turbinen des geothermischen Kraftwerks, dem sie ihre Entstehung verdankt, nicht aus dem Blickfeld der Badenden mit ihren Schön-heitsschlammpackungen verschwunden.

Ein Bronzebeschlag der Wikingerzeit im Jelling-Stil (ganz oben). – Mit dem Kajak auf der Gletscherlagune Jökulsárlón (Mitte). – »Glófaxi«, die dichte, leuchtende Mähne vieler Islandpferde (oben). Rechte Seite: Stykkishólmur.

Einer der rund 130 Krater der Vulkanspalte Laki. Sie öffnete sich 1783 urplötzlich auf einer Länge von über 25 Kilometern und trug mit ihren Aschewolken sogar zum Ausbruch der Französischen Revolution bei (oben).
Der Zeltplatz von Landmannalaugar (rechts).
Rechte Seite:
Kein Fluss in Island ist begradigt. Erst recht nicht die Gletscherabflüsse im Hochland.

Bekanntlich liegt ganz Island auf einem veritablen Hotspot, einer dünnen Bruchlinie in der Erdkruste mit einer darunter aktiven aufwärtsgerichteten Magmaströmung, die permanent Lava aus dem Erdinneren zur Oberfläche pumpt. Die gesamte Insel ist aus den Ergussgesteinen dieser zunächst unterseeischen Ausbrüche aufgebaut und ihre Bildung noch längst nicht abgeschlossen. Island wächst in hundert Jahren um gut zwei Meter. Im Schnitt alle fünf Jahre ereignet sich ein Ausbruch in der vulkanisch aktiven Bruchzone, die in nordöstlich-südwestlicher Richtung über die Insel verläuft. Dabei legen sich im Landesinneren immer neue Lavaschichten über die alten Platten, die sich unter dem Druck an ihren Außenrändern aufrichten und zur Seite rücken. So kommt es zu der typischen diagonalen

überschüssige Wasser ließ man in die Lava laufen. Die in ihm gelöste Kieselerde und Algen bilden die hellen Ablagerungen, die dem Wasser seine milchige türkis leuchtende Färbung verleihen: Ein in dieser Mondlandschaft bizarr wirkendes Badeparadies, das zunächst nur ein industrielles Abfallprodukt war.

Es gibt einiges, dem man nach der Landung auf dem nahe gelegenen Flughafen besser nicht auf den ersten Blick traut. Der trotz der oft nächtens erfolgenden Ankunft tiefblaue Himmel der hellen Sommernacht etwa, auf dessen Grund jenseits des Golfs von Faxaflói die weiß leuchtende Pyramide des Snæfellsjökull zu schweben scheint, kann sich binnen Minuten mit schwärzestem Nebel beziehen, und die Landschaft, die aussieht wie am ersten Schöpfungstag von einer Urfaust grob behauen, ist eine der jüngsten unseres Erdballs. Die Menschen darin, die manch einer für eine Spezies wortkarger Einzelgänger halten mag, strahlen statt der Schwermut dunkel lastender Winter oft zuversichtliche Aufbruchsstimmung aus. Sie zeigt sich an der Rasanz, mit der bis vor kurzem um die Hauptstadt Reykjavík jedes Jahr neue Stadtteile aus dem Boden gestampft wurden, und an der bis dato nahezu ungebrochenen Unbekümmertheit, mit der die Isländer ganze Landschaften im unberührten Innern ihrer Insel umgestalten, da ihnen die technischen Mittel dazu in die Hände gefallen sind. Offenbar muss jedes Volk erst seine eigenen Umweltsünden begehen, ehe es dazulernt.

Dabei könnte den Isländern eine ökologische Katastrophe mahnend vor Augen stehen, die ihre Vorväter einst selbst herbeiführten und die sie nach nahezu 400 Jahren Freiheit 1262 die staatliche Unabhängigkeit kostete: die rücksichtslose Entwaldung der anfangs zu einem Viertel von Birkenwald umstandenen Insel zum Heizen, Haus- und Schiffsbau. Als vor mehr als 1100 Jahren die ersten Siedler aus Skandinavien eintrafen, muss das Land vielversprechender ausgesehen haben als heute nach vielen Vulkanausbrüchen und vor allem nach der Desertifikation in historischer Zeit. Das Klima war

Schichtung der Gesteinslagen, die besonders an den schroffen Steilküsten in den Ost- und Westfjorden zu sehen ist. Dort treten entsprechend die ältesten Gesteine zutage. In einer Übergangszone finden sich Sekundärphänomene des Vulkanismus, die Island seit mehr als 120 Jahren zur Touristenattraktion machen: heiße Quellen, kochende Schlammtöpfe, Solfataren und Geysire (ein isländisches Wort, das weltweite Verbreitung gefunden hat).

Auf der Halbinsel Reykjanes bohrte man 1969 ein solches Thermalfeld an und setzte Dampfturbinen über die Bohrlöcher. Zusätzlich pumpte man kaltes Wasser in die Tiefe und erhielt bald 500 Liter kochendes Wasser pro Sekunde zurück, genug um den Fischerort Grindavík mit Strom, Fernwärme und Heißwasser zu versorgen. Das

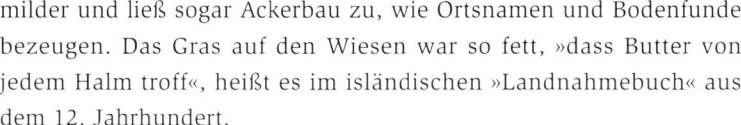

milder und ließ sogar Ackerbau zu, wie Ortsnamen und Bodenfunde bezeugen. Das Gras auf den Wiesen war so fett, »dass Butter von jedem Halm troff«, heißt es im isländischen »Landnahmebuch« aus dem 12. Jahrhundert.

In der unglaublich reichen Literatur, die um jene Zeit in Island verfasst wurde, ist ein Gründermythos bewahrt, an dem die Isländer bis heute stolz festhalten. Auf kernigste Weise ist er in der Isländersaga gestaltet, die den Namen des berühmten Wikingers und Dichters Egill trägt. Egills Großvater Úlfr lebte Mitte des 9.Jahrhunderts in Norwegen, als verschiedene Kleinkönige um die Oberherrschaft rivalisierten. Úlfr war durch Wikingfahrten reich geworden und ein sehr auf seine Unabhängigkeit bedachter Großbauer. Als sein König gegen einen Rivalen zu Felde ziehen wollte, verweigerte ihm Úlfr mit den stolzen Worten die Heerfolge: »Ich werde zu Hause bleiben und es überhaupt sein lassen, Königen zu dienen.« Diese Aufsässigkeit

büßte er mit dem Leben eines seiner Söhne. Mit dem anderen, Egill, beschloss er, sich aus der Reichweite des Königs zu bringen. »König Harald aber wollte, dass alle Bauern nur seine Pächter seien«, heißt es in der Saga, »doch wegen dieser Unterdrückung flohen viele und besiedelten weitum viel ödes unbewohntes Land... Zu der Zeit fand man Island.«

Unter den etwa 10–20 000 freiheitsliebenden Auswanderern befanden sich besonders viele Vermögende (ein seetüchtiges Schiff kostete den Gegenwert eines Hofs) und etliche, die sich königlicher Abstammung rühmen konnten, woraus Isländer später den Anspruch ableiteten, mit gekrönten Häuptern durchaus auf gleichem Fuß zu verkehren.

1874, mehr als 600 Jahre nach der Unterwerfung des Freistaats, setzte zum ersten Mal ein solches gekröntes Haupt seinen Fuß auf den steinigen Boden der völlig verarmten Kolonie, deren Bewohner

Geröllwüste im Hochland nahe der Askja *(linke Seite oben)*. Wo immer Feuchtigkeit oder gar ein kleiner Bachlauf vorhanden ist, siedelt sich eine der mehr als 500 Moosarten in Island an *(linke Seite unten)*. Der Explosionskrater Hverfjall am Mývatn im schrägen Licht der Mitternachtssonne *(oben)*. Lavakruste in der Wüste zwischen Askja und Herðubreið *(links)*.

Rechte Seite:
*Die Saga-Insel ist natürlich ein Wall-
fahrtsort heutiger Freizeitwikinger. Immer
wieder schlagen Reenactment-Vereine aus
Europa ihre Zelte bei der einer Stabkirche
nachempfundenen Wikingerkneipe
in Hafnarfjörður auf.*

*An Sommertagen lassen sich auch nahe dem Polarkreis
Kaffee und Kuchen im Freien genießen (ganz oben).
Der Islandpullover – bei jungen Isländerinnen heute
wieder »fashionable« (oben links).
Isländer üben oft vielerlei Tätigkeiten aus.
Musizieren ist weit verbreitet (rechts).*

Seite 26/27:
Die kleine Hafenstadt Höfn im Südosten Islands.

ein anderer Besucher im gleichen Jahr verächtlich beschrieb als »schmutzig, klein und zerlumpt ... mehr Eskimos und Samojeden als Nachkommen germanischer Kriegerstämme gleichend.« Nachdem König Christian IX. seinen isländischen Untertanen eine von ihm erlassene Verfassungsverordnung überreicht hatte, begab er sich auf einen kleinen Umritt. Pferde hatten die umwohnenden Bauern zu stellen. Einer der ärmeren mit Namen Eiríkur Ólafsson brachte dem 16-jährigen Prinzen Valdemar einen so prachtvollen Fuchshengst, dass dieser ihn unbedingt kaufen wollte. »Kaufen! So weit kommt's noch«, gibt der Schriftsteller Þórbergur Þórðarson in seinem Buch »Ofvitinn« (»Das Genie«) die Reaktion des Bauern wieder. »Der führte seine Abstammung auf bedeutende Häuptlingsgeschlechter des Goldenen Zeitalters zurück und wollte ihm das Pferd schenken.«

Ein wenig über die Stammbäume seiner Landsleute spöttelnd hat Þórbergurs im Ausland bekannterer Kollege und Nobelpreisträger Halldór Laxness die großartige Geste in seinem Roman »Das wiedergefundene Paradies« unsterblich gemacht: »Da ich gehört habe, mein lieber und guter König, dass wir im Hinblick auf Abstammung und Stand einiges gemein haben, denn ich glaube, du bist eigentlich ein Bauer aus dem Land der Hreiðgoten im Süden Jütlands, so möchte ich dir den Dank meiner Gemeinde dafür aussprechen, dass du uns nun gebracht hast, was wir längst selbst besitzen, und das ist die Erlaubnis des aufrechten Gangs hier in Island. Kein Mensch erhält von seiner Obrigkeit größere Gabe als die Erlaubnis, das zu sein, was er ist, und nichts anderes. Dieses Geschenk möchte ich Euch darum mit einem von meiner Seite vergelten, wenn es auch bescheiden ausfällt. Ich will die Zügel dieses Pferdes in Eure Hand geben. – Es wäre nett, wenn ich das Zaumzeug bei nächster Gelegenheit zurückerhalten könnte.«

Seitdem hält sich hartnäckig die Redewendung, ein jeder Isländer sei sein eigener König, und außerhalb der Insel haben sich die kleinen Könige in jüngster Vergangenheit so nachdrücklich in Erinnerung gebracht, dass in der skandinavischen und besonders englischen Presse wieder der alte Wikingerstoßseufzer »*A furore Islandorum libera nos, domine*« laut wurde, »Erlöse uns von der Wut der Isländer, Herr!« Allein in den Jahren 2002–04 kauften isländische Investoren im Ausland Unternehmen im Wert von bald drei Milliarden Euro auf und der Einkaufsbummel der mit prallen Brieftaschen versehenen modernen Wikinger ging munter weiter. Schließlich war allein die ehemals unbedeutende Ladenkette Baugur aus Island durch Übernahmen und Beteiligungen zum größten privaten Arbeitgeber ganz Großbritanniens geworden, etliche traditionsreiche Londoner Bankhäuser waren von rasant wachsenden isländischen Banken geschluckt worden, und zu seinem Privatvergnügen hatte sich ein isländischer Unternehmer den englischen Premier League-Verein West Ham United gekauft. Im Oktober 2008 hatten die Briten genug: Premier Gordon Brown ließ unter Anwendung von Antiterrorgesetzen die Vermögenswerte isländischer Banken in Großbritannien in Höhe von sieben Milliarden Pfund einfrieren und erklärte Island damit praktisch zum Schurkenstaat. Wie hatte es dazu kommen können?

Fortsetzung auf Seite 32

Daten und Bilder zur Geschichte

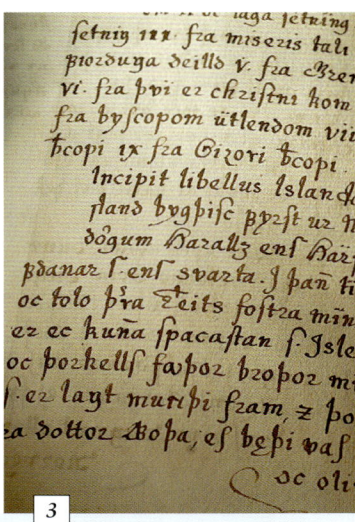

1 Christus als König. Birkenholz-Kruzifix aus Nordisland, um 1200.
2 Rekonstruktion eines 1104 von Vulkanasche verschütteten Wikingerhofs, Stöng.
3 Anfang des »Isländerbuchs« von Ari Þorgilsson, geschrieben kurz nach 1120.
4 Historisierende Darstellung der alljährlichen Thingversammlung in der Allmannagjá bei Þingvellir (Gemälde von William Collingwood, Ende 19. Jh.).
5 Der Fenriswolf der heidnischen Mythologie verschlingt bei Anbruch der Götterdämmerung Opfer. Schnitzerei auf einer Holztruhe.
6 Führer im Unabhängigkeitskampf: Jón Sigurðsson (1811–79).
7 Der isländische Staatspräsident Olafur Ragnar Grimsson.

Seite 30/31:
»Berserkerlava« an der Nordküste der Halbinsel Snæfellsnes.

Um 330 v. Chr. Pytheas aus der griechischen Kolonie Massilia (Marseille) unternimmt eine Reise um die »Säulen des Herakles« (Gibraltar) zu den Zinninseln (Britannien) und weiter nach Norden zu einem »ultima Thule«. Einiges an seiner Beschreibung dieses fernen Landes trifft verblüffend genau auf Island zu.

825 Der irische Mönch Dicuil berichtet von irischen Mönchsbrüdern, die seit 795 einige Sommer auf einer Insel »Thule« weit im Norden verbracht hätten, wo es nachts so hell sei, dass man »die Läuse aus der Kutte lesen« könne.

871/2 Am Ort des späteren Reykjavík erbaut zumindest ein Siedler ein festes Haus zur dauerhaften Ansiedlung.

874 Mit der »Landnahme« des Norwegers Ingólfur Arnarson beginnt nach isländischem Selbstverständnis die Geschichte des Landes.

874–930 »Landnahmezeit«. In diesem Zeitraum wandern schätzungsweise 20 000 Menschen aus Norwegen oder über die Britischen Inseln nach Island ein.

930 Einrichtung des Althings, einer gesetzgebenden und rechtsprechenden Versammlung der freien und eigenen Boden besitzenden Männer. Es tritt bis zu seiner Aufhebung im Jahr 1800 alljährlich auf der Thingebene Þingvellir zusammen.

930–1030 Sagazeit. In dieser Periode sollen die Helden der später aufgezeichneten Isländersagas gelebt haben.

982 Der aus Island verbannte Erik der Rote entdeckt Grönland.

1000 Eriks Sohn, Leif der Glückliche, betritt als erster Nordländer amerikanischen Boden.

1104 Der erste, verheerende Ausbruch des Vulkans Hekla in historischer Zeit.

1220–64 Sturlungenzeit. Nach einer der zur Herrschaft strebenden Familien benannte Epoche von Fehden und Bürgerkriegen.

1238 Schlacht bei Örlygsstaðir.

1262/64 Verlust der Unabhän-

gigkeit. In einem Staatsvertrag, der ihnen Versorgung zusichert, erkennen die Isländer den norwegischen König als ihr Oberhaupt an.

1362 Ein Vulkanausbruch im Öræfajökull verwüstet weite Teile der Südküste.

1380 Mit Norwegen fällt Island an die dänische Krone.

1402–04 Pestepidemien raffen ein Drittel der Bevölkerung dahin.

15./16. Jahrhundert Fahrten englischer Fischer und Kaufleute der Hanse nach Island.

1541–50 Zum Teil gewaltsame Einführung der Reformation, die mit der Hinrichtung des letzten katholischen Bischofs endet.

ab 1600 Dramatische Notjahre durch die »Kleine Eiszeit«.

1627 Algerische Piraten verschleppen von den Vestmanna-eyjar rund 370 Menschen (die Hälfte der Einwohner) in die Sklaverei.

1702/03 Die erste Volkszählung erfasst 50 358 Einwohner.

1707 18 000 Isländer sterben an den Pocken.

1783 Der Ausbruch in der Laki-Spalte tötet drei Viertel des Viehbestands auf der Insel und kostet in der Folge etwa 10 000 Isländer das Leben.

1786 Reykjavík erhält Stadtrecht.

1855–90 Einige tausend Isländer wandern nach Nordamerika aus.

1874 Zur Tausendjahrfeier erhält das Land eine Verfassung und begrenzte Selbstverwaltung.

1918 wird Island Königreich in Personalunion mit dem dänischen Königtum.

1940, 10. Mai Island wird von zunächst 15 000 britischen Soldaten, später von 50 000 amerikanischen GIs besetzt. Durch deutsche U-Boote und alliierte Seeminen finden mehr als 300 isländische Fischer während des Zweiten Weltkriegs den Tod.

1944, 17. Juni Das Althing erklärt die Personalunion mit Dänemark für beendet und ruft die unabhängige Republik Island aus.

1949 Trotz heftiger Proteste im Volk Beitritt zur NATO.

1952, 1958, 1972, 1975 In den sogenannten »Kabeljaukriegen« gegen die britische Marine setzt Island die Ausweitung seiner Hoheitsgewässer auf eine Wirtschaftszone von 200 Seemeilen durch.

1963–73 Entstehung der Insel Surtsey durch unterseeische Vulkanausbrüche bei den Vestmannaeyjar.

2006 Abzug der letzten amerikanischen Soldaten.

2008 Nach kriminellen Machenschaften von Unternehmern und privatisierten Banken gerät Island in einer internationalen Finanzkrise an den Rand des Staatsbankrotts. Die Banken werden verstaatlicht, in der »Topfdeckelrevolution« stürzt die Regierung. Eine breite Volksbewegung fordert eine Reform der Verfassung.

2010 Ein Vulkanausbruch im Eyjafjallajökull verursacht weltweit die größte Störung im internationalen Flugverkehr seit dem Zweiten Weltkrieg. Durch die Aschewolke kommt der Flugverkehr in weiten Teilen Europas eine ganze Woche lang zu völligem Erliegen. Die IATA beziffert die Ausfallkosten auf insgesamt 1,3 Milliarden Euro.

Seitdem der konservative Premier Davíð Oddsson zuvor in 13 Regierungsjahren die Wirtschaft Islands radikal neoliberalistisch dereguliert hatte, bedienten sich auch isländische Unternehmer sämtlicher Instrumente, die dem entfesselten Kapitalisten von der Ideologie und Praxis des treffend so genannten Kasinokapitalismus an die Hand gegeben wurden. Isländische Spekulanten pumpten sich mit der als gut eingestuften Bonität des isländischen Staats im Rücken Risikokapital, kauften damit europaweit angeschlagene Unternehmen auf, zerstückelten sie und verkauften die lukrativeren Teile mit hohen Gewinnen weiter. Beispielsweise erwarb der junge Vorzeige-Tycoon Björgólfur Thor Björgólfsson, der nach reichlich undurchsichtigen Geschäften in Russland mit seinem Vater die ehemals staatliche isländische Landsbanki übernommen hatte, 2004 die tschechische Telefongesellschaft CR für umgerechnet eine knappe halbe Milliarde Euro und verkaufte sie keine zwei Jahre später für anderthalb Milliarden

den USA platzende Immobilienblase mit nachfolgender globaler Finanzkrise den isländischen Banken weitere Kreditaufnahmen unmöglich machten, brachen sie binnen Tagen zusammen. Und als daraufhin Davíð Oddson, der sich inzwischen zum Chef der isländischen Notenbank gemacht hatte, im Rundfunk nassforsch erklärte, Island denke nicht daran, »die Schulden der Banken zu übernehmen, die etwas unachtsam operiert haben«, und ausländische Anleger würden wohl auf bis zu 90 Prozent ihres Geldes verzichten müssen, holte Gordon Brown die Antiterrorgesetze aus der Schublade.

Über die Entschädigung ausländischer Anleger wird bis heute hart verhandelt, aber die Isländer selbst hat der fast totale Zusammenbruch ihrer Volkswirtschaft wohl noch viel härter getroffen.

Im Inland hatten die Banken ihre Kunden über Jahre mit Billigstkrediten gelockt und z.B. Immobilienerwerb und Neuwagenkäufe bis zu 100 Prozent finanziert. Doch die Kredite wurden entweder in harten Fremdwährungen abgeschlossen oder automatisch an die Inflationsrate gekoppelt. Infolge der Krise kollabierte die Wirtschaft und rutschte tief in eine Rezession; die Marktkapitalisierung aller Unternehmen an der isländischen Börse fiel um 90 Prozent, es kam zu zahlreichen Entlassungen und mit einer Verdreifachung der Arbeitslosenquote erstmals seit dem Zweiten Weltkrieg wieder zu spürbarer Arbeitslosigkeit. Die isländische Krone wertete massiv ab und war zeitweilig nicht mehr konvertibel, der Zahlungsverkehr mit dem Ausland kam wochenlang praktisch zum Erliegen und unterliegt bis heute Restriktionen, isländische Kreditkarten wurden im Ausland

weiter. Durch weitere solche Geschäfte schaffte er laut *Forbes* den Sprung unter die 250 reichsten Männer der Erde. Die wichtigsten Geldbeschaffungsmaschinen stellten die isländischen Banken dar, die Björgólfur Thor, sein Vater und eine konkurrierende Holding erwarben und mit hoch riskanten Spekulationsgeschäften und vermeintlich lukrativen Zinsen international expansiv operieren ließen. Allein britische Anleger plazierten Kapital von etlichen Milliarden Pfund bei isländischen Banken. Deren Buchvermögen schwoll so zuletzt auf das Neunfache des Bruttoinlandprodukts der isländischen Volkswirtschaft an. Die isländische Wirtschaft hätte also mit Müh und Not ein Zehntel ihrer Auslandsverbindlichkeiten bedienen können, und besonders die Banken waren extrem auf ständig weitere Mittelzuflüsse angewiesen, zumal sich ihre vorgebliche Eigenkapitalquote und Deckungsvermögen im nachhinein als absichtsvoll verschleiertes Kartenhaus von Luft- und Falschbuchungen erwies. Als 2008 die in

Trotz kühler Außentemperaturen gut lachen: ein Bad im 38° Celsius war-men Schwefelwasser des Víti bei der Askja mitten im Hochland (unten). Islands wohl schönster Wasserfall: Die breite Hemdbrust des 100 Meter hohen Dynjandi im Arnarfjörður, Westfjorde (rechts). – Zeitvertreib im Sonnenschein. Knochenschnitzer in den Westfjorden (rechts unten).

nicht mehr akzeptiert, die Preise für Importgüter (und was wird in Island nicht importiert?) kletterten massiv in die Höhe, Renten muss-ten gekürzt werden. In der Folge stiegen die öffentlichen und priva-ten Schulden der Isländer auf einmal in Höhen, an denen noch etli-che nachfolgende Generationen abzutragen haben werden. Allein durch die Verbindlichkeiten der zusammengebrochenen Banken trägt jeder Isländer rechnerisch 160 000 € an öffentlichen Schulden mit sich herum. Gleichzeitig ist die Kaufkraft der privaten Haushalte seit 2008 um 30 Prozent gefallen.

»Wir hatten Jahre im Überfluss, jetzt essen wir eben wieder Salz-fisch«, sagen viele Isländer und erinnern so auch daran, dass das Leben auf der Nordmeerinsel jahrhundertelang ein hartes Brot bzw. harter Fisch gewesen ist und die Menschen dazu erzogen hat, nicht so leicht aufzugeben. Die jüngste Krise hat vielen herbe Einschnitte gebracht, und doch scheinen die Menschen die zunächst katastro-phale Lage mit viel Einsatz, Anpassungsfähigkeit und Einfallsreich-tum nach nur wenigen Jahren in den Griff zu bekommen. Rigide Sparmaßnahmen und Abwertung der eigenen Währung trugen zur wirtschaftlichen Konsolidierung ebenso bei wie eine Rückbesinnung auf solidere Wirtschaftszweige als Investmentbanking wie Fischerei, Aluminiumverhüttung und Tourismus. Durch sie erreicht das Land sogar einen Handelsbilanzüberschuss und kann seine Auslandsschul-den abbezahlen. Politisch zwang die Bevölkerung durch monatelange lautstarke Proteste vor dem Parlament erst einmal die Regierung zum Rücktritt, die dem Treiben der Banken Vorschub geleistet hatte, und brachte wenigstens den Regierungschef vor ein Sondergericht, das ihn wegen Vernachlässigung seiner Amts- und Sorgfaltspflichten ver-urteilte. Die größten und windigsten Firmenbosse hatten sich schon in der Stunde des Zusammenbruchs in ihre Luxusvillen in London oder auf den Cayman Islands abgesetzt und so einer gerichtlichen Verfolgung entzogen. Das erinnert auch daran, dass der Begriff Wikinger ursprünglich kaum anderes meinte als Piraten.

Jesse Byock, Professor für Skandinavisches Mittelalter an der UCLA, stellt in seinem Buch über *Medieval Iceland* lakonisch fest: »Die Sagas zeigen Charaktere, die gewohnheitsmäßig Gesetze bre-chen, sobald sie glauben, damit durchzukommen.« Wo die Wikinger überlegenen Widerstand vermuteten, verlegten sie sich aufs Handeln, wo sie wussten, dass sie die Schnelleren oder Stärkeren sein würden, schlugen sie zu.

Umso erstaunlicher, dass ausgerechnet sie in Island die erste rechtstaatlich verfasste Republik Europas errichteten. Gesetzes-aufzeichnungen gehören zu den frühesten Dokumenten. Schon 930 wurde über den in den vier Landesvierteln bereits bestehenden Thingversammlungen der freien Bauern als oberste Rechtsprechungs- und Gesetzgebungsinstanz das Althing eingerichtet, und dabei ver-gaß man nicht einmal, die Berufungsinstanz eines obersten Appella-tionsgerichts und eine Art Verfassungsgericht beim Althing zu etab-lieren. Die Thingversammlung wählte auf drei Jahre einen Gesetz-essprecher, der zu Beginn der alljährlichen Treffen um Mittsommer

aus dem Gedächtnis die Gesetze zu verkünden hatte. Es war das einzige Staatsamt, das in dem entstehenden Staatsgebilde eingerichtet wurde. Was die aus individuellem Freiheitsdrang ausgewanderten Isländer nämlich unterließen, war die Einrichtung einer Exekutivgewalt. Es gab keinerlei polizeiliche oder militärische Einrichtungen zur Aufrechterhaltung der inneren Ordnung oder Landesverteidigung. Die Gesellschaft des isländischen Freistaats funktionierte (300 Jahre lang) als fein austariertes System, in dem die Ordnung prinzipiell durch Verhandlungen, Kompromisse oder Gerichtsprozesse und persönliche Exekution der Urteile aufrechterhalten wurde.

Wie sehr die Entfaltung einer solch freiheitlichen Gesellschaftsordnung mit vergleichsweise gering ausgeprägter sozialer Hierarchie durch den Umstand begünstigt wurde, dass die Siedler eine menschenleere Insel vorfanden, leuchtet umso mehr ein, als um die gleiche Zeit erfolgte Staatengründungen skandinavischer Wikinger in Irland oder der Normandie durchaus nach dem üblichen monarchischen Modell erfolgten. Island war ein weites, menschenleeres Land, und abgesehen vom Großraum um die Hauptstadt Reykjavík ist es das im Vergleich mit anderen Ländern Europas immer noch oder zunehmend wieder.

Berühmt auch in Deutschland

Persönlichkeiten aus Island

1

2

Jón Svensson
NONNI
Erlebnisse eines jungen Isländers
von ihm selbst erzählt

3

4

*1 Hatte lange einen schweren Stand: der Komponist Jón Leifs.
2 Jón (»Nonni«) Sveinsson verfasste 13 in Deutschland sehr populäre Romane.
3 Inzwischen auch in Deutschland bekannt: der Autor Autor Hallgrímur Helgason.
4 Seit 20 Jahren im Kommen: Der isländische Film; hier eine Szene aus »Kaldaljós«, »Kaltes Licht«, mit Kristbjörg Kjeld und dem jungen Áslákur Ingvarsson.
5 Sein Vater, Ingvar E. Sigurðsson, ist einer der besten Schaupieler Islands.
6 Jón Sveinsson, Autor der »Nonni«-Romane war lange Zeit der populärste Isländer in Deutschland.
7 Kleine Frau mit großer Stimme und Islands bekanntester Musikexport seit Jahren: Björk.*

Noch vor einer Generation hätte eine Umfrage nach den bekanntesten Isländern unter Deutschen die Namen Nonni und Manni erbracht. Dann vielleicht den ihres Autors, des Jesuitenpaters Jón (Nonni) Sveinsson. »Die Erinnerungen an seine isländische Kindheit gehörten zu meinen Lieblingsbüchern«, bekannte Ulrich Greiner stellvertretend für viele Deutsche seines Alters in der Zeit. »Sie wurden in zwanzig Sprachen übersetzt, sogar ins Japanische, und in einigen Millionen Exemplaren verbreitet. Seine Geschichten – all diese wunderbar erzählten Abenteuer haben das Islandbild einiger Generationen geprägt.«

Jón (eigentlich) Sveinsson wurde 1857 als viertes von acht Geschwistern in der Nähe der kleinen nordisländischen Stadt Akureyri geboren. Der glücklichste Zufall seines Lebens bestand darin, dass ein französischer Aristokrat der Katholischen Mission anbot, zwei isländischen Jungen eine Schulbildung in Frankreich zu finanzieren. Die Anreise erfolgte über Kopenhagen, wo Nonni im Haus des katholischen Bischofs das Ende des Deutsch-Französischen Kriegs von 1870/71 abwarten musste. Nach dem Abitur in Amiens trat er in den Jesuitenorden ein und wurde so der erste isländische katholische Priester seit der Reformation. Nachdem er durch seine zwölf Nonni-Bücher weltberühmt geworden war, ließ er sich in Holland nieder. Als das Jesuitenkolleg in Valkenburg wegen seiner Beziehungen zum Widerstand 1943

von der Gestapo aufgelöst wurde, verlegte man den inzwischen fast blinden 86-Jährigen nach Köln. Während eines Bombenangriffs starb er am 16. Oktober 1944 im Luftschutzkeller des Franziskus-Hospitals und wurde auf dem Melaten-Friedhof begraben.

Ein weiterer berühmter Isländer, der unter der Gestapo zu leiden hatte, war Islands bedeutendster Komponist Jón Leifs (1899–1968). Er kam während des Ersten Weltkriegs als 17-Jähriger in die Klasse von Robert Teichmüller am Leipziger Konservatorium und besann sich dort auf die isländische Volksliedtradition als Quelle eigener Kompositionen. In den 1920er-Jahren wurde er Dirigent des Gewandhaus-Orchesters und unternahm als Leiter der Hamburger Philharmonie

6

7

5

1926 eine Konzertreise in seine Heimat. In Deutschland beschäftigte sich Jón Leifs mit seiner »Erneuerung nordischer Kunst auf der Grundlage von Islands alter Kultur«, was ihm die Förderung durch die Nazis eintrug, bis erkennbar wurde, dass er sich in seinen Werken gegen die Vereinnahmung des »Nordischen Menschen« durch die deutsche Kunst seit Wagner zur Wehr setzte. Plötzlich verrissen ihn die Kritiker, das Publikum buhte ihn aus, die Gestapo setzte ihn wegen der jüdischen Herkunft seiner deutschen Frau, der Pianistin Annie Riethof, unter Druck. 1944 erhielten die Leifs endlich die Ausreisegenehmigung ins neutrale Schweden. In Island huldigte man der Musik der Spätromantik und wusste mit Leifs' kühnen Kompositionen nichts anzufangen. Noch weitere 20 Jahre komponierte Jón Leifs, ohne dass seine Werke zur Aufführung gelangt wären. Er starb nahezu unbeachtet 1968. Erst 1995 brachte ihn Regisseur Hilmar Oddsson mit dem Film »Tränen aus Stein« ins Bewusstsein der Isländer zurück, die ihn inzwischen als ihren ersten großen Komponisten feiern.

Auch andere bedeutende Isländer hielten sich in wichtigen Phasen ihres Lebens in Deutschland auf. Ísleifur Gizurarson etwa, der die Klosterschule in Herford besuchte und 1056 in der Erzdiözese Bremen zum ersten isländischen Bischof geweiht wurde. Oder Jóhanna Briem (1805–86), die erste Frau, deren Bericht über ihre Deutschland- und Italienreise 1826–28, in Island gedruckt wurde. In Rom, wo sie gemeinsam mit dem späteren Kaiser Napoleon III. bei dem isländisch-dänischen Bildhauer Bertel Thorvaldsen dinierte, wurde sie ebenso als »die schöne Isländerin« umschwärmt wie in Dresden und Bielefeld, wo sie als Frau des Altphilologen Carl Wilhelm Schütz den Rest ihres Lebens zubrachte.

Heute genießen v.a. Popikonen wie die Sängerin Björk oder der Maler und Schriftsteller Hallgrímur Helgason auch internationale Beachtung. Hallgrímur ist durch den grotesken Humor in seinen Romanen von *101 Reykjavík* bis zu seiner *Frau bei 1000 Grad* (2011) bei einer Fangemeinde besonders in Deutschland geradezu zum Kultautor geworden.

Bizarre Natur-Kunstwerke bietet der Jökulsarlon – zu Deutsch: Gletscherflusslagune – der größte Gletschersee am Südrand des Vatnajökull *(oben)*.
Mit wahrhaft göttlicher Gewalt stürzen die Wassermassen des Godafoss über eine Breite von ca. 30 Metern 12 Meter in die Tiefe, ganz nah an der Hochlandpiste Sprengisandur.

Seite 40/41: Abendlicht in einem der Ausläufer des Arnarfjörður, Westfjorde.

Seite 42/43: Am vulkanischen Námafjall nahe des Mývatnsees.

Seite 44/45: Der »Dom« von Hólar, einst bedeutender Bistumssitz.

Der Kopf im 21. Jahrhundert

Die Füße in der »Landnahmeasche« – Reykjavík

Am 28. September 2006 gingen um 22 Uhr im ganzen Westen Islands die Lichter aus. Dabei handelte es sich nicht um einen jener Stromausfälle, die in den letzten Jahren US-amerikanische Großstädte immer häufiger heimsuchen wie ein Naturphänomen. Vielmehr ging es um ein von Stadtviertel zu Stadtviertel kontrolliertes Abschalten der Straßenlaternen und der Beleuchtung öffentlicher und privater Gebäude für eine halbe Stunde. Gleichzeitig erklärte ein Astronom im Radio den leider überwiegend bedeckten nächtlichen Sternenhimmel.

Die Aktion war initiiert worden von dem durch seine Umweltaktivitäten landesweit bekannten Schriftsteller Andri Snær Magnason. Er hatte die Kritik von Landsleuten aufgegriffen, die sich zunehmend über *ljósmengun*, die »Lichtverschmutzung« des Abendhimmels über der Hauptstadt, ärgerten. Isländer haben ein besonderes Verhältnis zu der Dunkelheit, die sie in jedem Winter so ausgedehnt umfängt.

»Die Feuerprobe«. Teil einer Skulptur von Einar Jónsson (1874–1954), dem ersten isländischen Bildhauer (oben). Þingholt. Altes Stadtviertel von Reykjavík mit Kunstmuseum und Hallgrimskirche (Mitte). Junge Frau in alter Tracht. Freilichtmuseum Árbæjarsafn (rechts). Frühlingsboten am Stadtteich. Hljómskálargarðurinn, Reykjavík (rechte Seite).

»Wenn der Winter nicht so lange dauerte und der Himmel nicht so dunkel wäre, ließe sich an diesem Ende der Welt kaum leben«, behauptet gar Andri Snærs Kollege Jón Kalman Stefánsson in seinem Buch »Sommerlicht und dann kommt die Nacht«. »Dunkelheit kann etwas Freundliches sein, sie beschert uns den Mond und die Sterne des Himmels, das Licht der Nachbarn, das Fernsehprogramm, unser Sexualleben, eine Flasche Whisky. Wir sollten uns nicht über die Dunkelheit beschweren.«

Doch längst überstrahlt Reykjavík, das erst 1786 mit genau 167 Einwohnern Stadtrechte erhielt, nächtens den Sternenhimmel und selbst die neongrünen Nordlichter.

Das sah noch im 19. Jahrhundert ganz anders aus, als Reykjavík noch so unscheinbar war, dass selbst Sir John Barrow, immerhin Gründungsmitglied der ehrenwerten Royal Geographical Society, zweimal an ihm vorbeisegelte, ehe er 1834 endlich die Hafeneinfahrt fand. Die Einwohnerzahl hatte sich bereits vervierfacht, auf 639 Köpfe. Warum aber wurde ausgerechnet diese »Smoky Bay« oder »Rauchbucht« zur Hauptstadt Islands, in der nun fast die Hälfte der gesamten Inselbevölkerung versammelt ist? An den warmen Quellen allein, deren Dampf der Ort seinen Namen verdankt, dürfte es jedenfalls nicht gelegen haben. Und an dem schönen Panorama, von dem sich der schottische Hobbymineraloge Sir George Steuart Mackenzie bei seiner Ankunft 1810 hinreißen ließ, ebenso wenig.

»Es war ein klarer Tag, und wir hatten einen unverschleierten Blick auf das Amphitheater der Berge, welche den Fjord umrahmen.

Auf der einen Seite wurde die Aussicht von den rauen, kahlen und düsteren Hügeln begrenzt, die sich von Kap Reykjanes nach Osten erstrecken; auf der anderen Seite von dem erhabenen Snæfellsjökull, der sich turmhoch über die benachbarten, schneebedeckten Berge erhob, welche in unterschiedlichsten Formationen eine großartige Szenerie bildeten; allerdings eine solche, die den Zutritt des Menschen zu verbieten schien. Wo kein Schnee lag, hingen grässliche Felsüberhänge über der See, oder in flacherem Gelände waren die zerstörerischen Auswirkungen unterirdischer Feuer auszumachen, wo nur ein Abenteurer hoffen konnte, Zugang zu finden.« – Wie so oft betrachteten die echten Abenteurer die pittoreske Aussicht mit wesentlich mehr Pragmatismus. Als zwei Sklaven auf der Suche nach ein paar Holzpfeilern ihres Herrn durch den schwarzen Sand am Ufer des Skerjafjörður schlurften und sie dort endlich angetrieben fanden, seufzten sie: »Wir haben so schöne Landstriche durchstreift, und jetzt müssen wir auf dieser ausgesetzten Landzunge siedeln.«

Nach dem ersten isländischen Historiker Ari Þorgilsson (1068–1148) fand diese Holzsuche um das Jahr 870 statt, als man im Norden vom Christentum noch nichts wissen wollte. Wenn man nicht ausschließlich auf *mátt sinn og megin* vertraute, auf die eigene Kraft und Stärke, wie es einer der um diese Zeit Paris belagernden Wikinger den verzweifelten westfränkischen Verteidigern zugerufen haben soll, als diese wissen wollten, woran die Angreifer überhaupt glaubten, dann wandte man sich wohl vor allem an jene heidnischen Götter, die in den auf Island aufgezeichneten Liedern der Edda den nordischen Götterfamilien der Asen und Wanen zugerechnet werden, also Odin, Thor & Co. Einer isländischen Saga zufolge wurden

Klassizistische Wikinger. Fries an einem Reykjavíker Haus (oben). Blick über Stadt und Fjord auf Reykjavíks Hausberg, die Esja (914m) (Mitte). Detail aus einer symbolistischen Skulptur von Einar Jónsson (rechts).

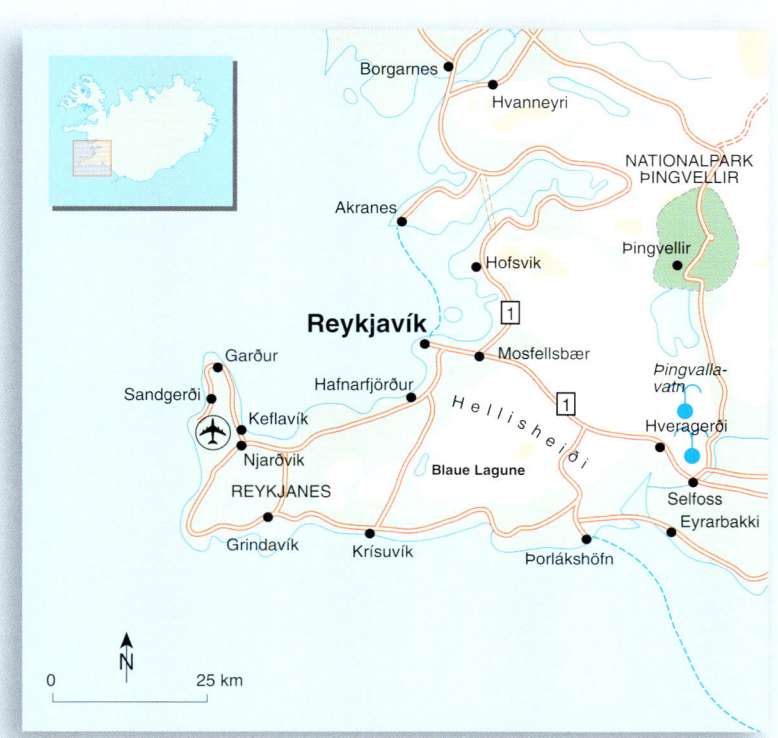

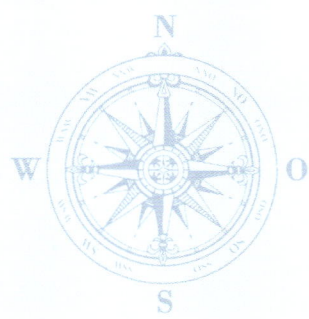

Freizeitangebote für Jugendliche unter rauen Bedingungen. Schwimmen im Nordatlantik oder »Rollbrettfahren« unter Pudelmützen.

Gesichter dieser Götter in die hölzernen Pfeiler geschnitzt, die in den Häusern der Nordleute den Ehrensitz des Hausherrn gegenüber dem Eingang zierten. Religionshistoriker vermuten, dass diese Hochsitzpfeiler ursprünglich aus dem Tragepfosten des Dachs hervorgegangen und ein Symbol des die Ober- und Unterwelt verbindenden Weltenbaums gewesen sein könnten. Zur »Landnahmezeit« scheint sich, wenn man den erst später geschriebenen Sagas glauben mag, der Brauch der Auswandernden herausgebildet zu haben, diese Hochsitzpfeiler aus der alten Heimat mitzunehmen und sie im Angesicht der neuen Heimat über Bord zu werfen. Wo sie antrieben, ließ man sich, geleitet durch den Fingerzeig der Götter, nieder.

Bescheidene Anfänge

Von Ingólfur Arnarson, dem Herrn jener beiden Knechte, ist bekannt, dass er zunächst an mindestens zwei anderen Orten Ansiedlungsversuche unternahm, ehe Karl und Vífill seine Pfosten wiederfanden. Tatsächlich verlegte er seinen Wohnort noch ein drittes Mal – nach Reykjavík. Man könnte versucht sein zu glauben, er habe den schwimmenden Hölzern mehrfach einen kleinen Schubs gegeben; doch den murrenden Knechten erklärte er, am Schicksal seines Schwurbruders Hjörleifur, der auf seinem eigenen Schiff zeitgleich mit ihm von Norwegen ausgefahren war, könne man sehen, wie es Menschen ergehe, die den Göttern keine Opfer brächten. Hjörleifur

war von den christlichen Sklaven, die er unterwegs in Irland geraubt hatte, erschlagen worden.

Erst im 20. Jahrhundert begann man in Island an der historischen Zuverlässigkeit der alten Schriften zu zweifeln. Philologen deckten immer mehr Stellen, Züge und Motive auf, die Parallelen zur Literatur des hohen Mittelalters auf dem Kontinent aufwiesen, und um die nicht mehr zu entscheidende Frage nach dem Realitätsgehalt der altisländischen Texte endlich zu beantworten, erklärten einige von ihnen die alten Sagas kurzweg zu interessanten, jedoch komplett fiktionalen Romanen. Auch die Datierungen von Aris »Isländerbuch« wurden angefochten. Währenddessen gelang es der isländischen Archäologie, eine genaue, auf den periodisch wiederkehrenden

Linke Seite: Reykjavíks neues Wahrzeichen: Die Hallgrímskirkja mit dem Denkmal von Leif Erikssons (oben).
Direkt am Hafen liegt das im August 2011 eröffnete Konzerthaus und Konferenzzentrum Harpa, dessen Glasfassaden von Ólafur Eliasson gestaltet wurden (oben und links).

Seite 52/53:
Reykjavíks Stadtteich Tjörnin mit dem Rathaus.

Fortsetzung auf Seite 57

Junge Hauptstadt
101. Hotspot zwischen London und New York

1 Der Papageitaucher mit seinem bunten Schnabel ist ein treffendes Wappentier für das junge Island.
2 Der Rasen des Austurvöllur vor dem Parlament: Treffpunkt an hellen Tagen und Nächten.
3 Lässig und cool, die Jugendlichen in Islands kleiner Metropole.
4 Städtisch geförderte Graffitis.
5 Kind sein in Reykjavík: Meist ein glückliches Schicksal.

101 ist die Postleitzahl des Innenstadtbereichs von Reykjavík. Seitdem ein Roman von Hallgrímur Helgason mit diesem Titel die Szene des Viertels sogar international bekannt gemacht hat, verabreden sich junge Isländer dort nur noch mit der Formel: »Wir sehen uns in 101.« Szene in einem 100 000-Seelen-Ort?, wird sich mancher fragen und umso verwunderter die Augen aufreißen, wenn er in einer Freitagnacht in Austur- und Bankastræti und den Laugavegur hinauf, dann Frakka- oder Skólavörðustígur wieder hinabschlendert. Bar neben Bar, Lounges, Pubs und Restaurants in Hülle und Fülle, vor vielen lange Schlangen, und auf den Straßen Gruppen junger Menschen, die sich sogar von einem

isländischen Schneesturm nicht die Freude an der Selbstinszenierung trüben lassen und in Minirock und dünner Bluse oder offenem Jackett ausgelassen von Kneipe zu Kneipe ziehen. Die Unter-21-Jährigen, denen der Zutritt offiziell verwehrt ist, rotten sich unter freiem Himmel auf dem Lækjartorg zusammen, bis man auf dem Rasen des Austurvöllur den Sonnenaufgang begießt und dann zu einer After-Party wankt.

Spätestens seit sich Damon Albarn von der Popgruppe Blur mit dem Regisseur der Verfilmung von »101 Reykjavík« in der Café-Bar »Kaffibarinn« einkaufte, hat sich der Ruf des Nachtlebens in der kleinen, aber quicklebendigen Stadt nahe dem Polarkreis auch in Europa und den

Vereinigten Staaten herumgesprochen.

Ein kurzes Nicken der Herren in den schwarzen Lederjacken vor dem Eingang erlöst einen endlich aus der Warteschlange, drinnen Rauchschwaden unter der niedrigen Decke und ohrenbetäubende Musik. Die Menge

5

4

ist ständig in Bewegung, zur
Theke, zur Toilette, von der eigenen Clique hin zu der Un-
bekannten am Ecktisch – wenn
die einem nicht zuvorkommt.
Oh, isländische Frauen sind
durchaus emanzipiert, scheuen
sich überhaupt nicht, zu fortge-
schrittener Stunde ihre Absich-

ten unmissverständlich deutlich
zu machen: »Du kommst doch
mit zu mir oder willst du mir
den Abend verderben?«
»Kaffibarinn« ist mittlerweile so
etwas wie eine Legende. Die
Frage ist nur: wie lange noch?
Die Isländer von heute sind
nämlich ein lebenslustiges Völk-

chen, das Abwechslung und
ständig neue Vergnügungen
sucht, als ob sie all das an Zer-
streuungen in einer Generation
nachholen wollten, was ihren
Vorfahren über Jahrhunderte
versagt blieb. Kaum ein Lokal in
»101 Reykjavík« überlebt länger
als drei Winter, ohne den Besitzer, die Einrichtung oder zumindest den Namen zu wech-
seln.
Island ist erdgeschichtlich ein
Küken und historisch das zuletzt
besiedelte Land Europas, vor
allem aber sind die Isländer ein
junges Volk. In Reykjavík sind
höchstens zwölf Prozent älter
als 65 Jahre, mehr als doppelt so
viele hingegen sind unter 20,
und zusammen mit den 20 bis
30-Jährigen machen sie beinahe
die Hälfte der Einwohnerschaft

aus. Überall in Geschäften, Fir-
menbüros und Behörden trifft
man auch in leitenden Positio-
nen auf sehr viel jüngere Gesichter, als wir es in Deutschland
gewöhnt sind. Entsprechend
jung und modern ist das Angebot an Läden und in den Läden.
Popstars wie Björk, Sigurrós
oder Gus Gus kommen eben
nicht aus einer unterkühlten
Leere, Literaten wie Hallgrímur
Helgason, Arnaldur Indriðason
oder Sjón nicht mehr von abge-
legenen, einsamen Bauernhöfen,
sondern aus einer brodelnden,
kreativen städtischen Szenekul-
tur, aus der auch die mittlerweile ebenfalls international erfolgreichen jungen Reykjavíker
Designerinnen die Anregungen
für ihre schrillen Modeideen
schöpfen.

Vulkanausbrüchen und ihren Ascheschichten der Insel basierende Datierungsmethode zu entwickeln. In jüngster Zeit wurde diese innere Chronologie mit der der berühmten Bohrkerne aus dem grönländischen Inlandeis abgeglichen, in denen auch Partikel der isländischen Vulkanasche eingeschlossen sind. Auf diese Weise ist es gelungen, eine fast überall im Boden zu findende Ascheschicht einem Ausbruch unmittelbar vor dem Jahr 874 zuzuschreiben, die sogenannte »Landnahmeasche«. Bei Ausschachtungsarbeiten für den Neubau eines Hotels im ältesten Teil Reykjavíks stießen die Bauarbeiter vor wenigen Jahren auf alte Fundamente. Die herbeigerufenen Archäologen fanden die »Landnahmeasche« im Boden – und darunter die Hausfundamente. Hier musste also jemand noch vor jenem Ausbruch gebaut haben, den man bisher mit dem Anfang der Besiedlung Islands gleichgesetzt hatte. Weitere Untersuchungen ergaben, dass dieser typische Wikingerhof mit einem Holzständerwerk auf Steinfundamenten und vermutlich mit Rasensoden verkleidet aus den Jahren um 870 stammt. Ari der Gelehrte und das »Landnahmebuch« wurden zumindest in diesem Fall bestätigt. Es spricht wohl bis auf Weiteres nichts dagegen, die Fundamente als Überreste von Ingólfur Arnarsons »Landnahmehof« anzusehen, womit in der Aðalstræti 16 die allererste Keimzelle Reykjavíks lokalisiert wäre.

Die Archäologen beließen die Mauerreste an Ort und Stelle, das neue Haus wurde darüber gebaut, und in seinem Untergeschoss befindet sich nun, seit 2006 für Besucher geöffnet, eine anschauliche Präsentation der Originalfundstelle mit vielen Multimedia-Installationen, die auf gelungene Weise versuchen, die ursprüngliche Umgebung des Hauses virtuell zu rekonstruieren.

Dabei zeigt sich, dass Ingólfurs Siedlungsplatz keineswegs nur die ausgesetzte Landzunge war, die die Knechte in ihr sahen. Zunächst einmal lag sie günstig als schmale Bank zwischen zwei Meeresbuchten und einem Süßwasserteich, dem heutigen Stadtsee Tjörnin, aus dem ein kleiner Bachlauf floss. Heute markiert die Bachstraße, isländisch Lækjargata, seinen Verlauf. Frisches Trinkwasser war also in Hülle und Fülle vorhanden, das Meer bot Gelegenheit zu Fischfang und Robbenjagd, das flache Hinterland zunächst Wald für Feuerholz und Hausbau und dann auch Weide für das Vieh. Beileibe kein schlechter Platz für einen auf Selbstversorgung angewiesenen Bauern und Fischer. Der Ort ist seitdem kontinuierlich besiedelt. Und wie man den Quellen entnehmen kann, verlieh er seinen Besitzern lange ein besonderes Prestige. Man vermutet zum Beispiel, dass die große landesweite Thingversammlung, das Althing, nicht zufällig in so bequemer Entfernung von Reykjavík in Thingvellir ihren Platz fand. Die Nachfahren Ingólfurs erhielten das Privileg, bei der alljährlichen Eröffnungszeremonie eine prominente Rolle zu spielen. Seine Pfeiler schmücken noch heute das Stadtwappen von Reykjavík.

Solange jeder Isländer sein Überleben und Auskommen durch Landwirtschaft sichern musste – und Landwirtschaft meint in Island bis heute fast ausschließlich Viehwirtschaft auf ausgedehnten Weiden –, gab es nicht den geringsten Anreiz, sich in größeren Siedlungen zusammenzufinden, zumal sich auf der Insel nie spezialisierte

Handwerkszünfte oder eine eigene Kaufmannschaft herausbildeten, die Marktorte oder gar stadtähnliche Siedlungen hätten gründen können. Außerdem waren besonders die Großbauern gegen die Errichtung dörflicher oder gar städtischer Siedlungszentren, weil sie befürchteten, die stets knappen Arbeitskräfte landloser Tagelöhner und Saisonarbeiter an diese zu verlieren. Markt wurde jeweils in Zelten und Buden auf dem Thing oder vorübergehend einfach dort abgehalten, wo gerade ein Schiff mit Waren gelandet war. Nach dem Verlust der Unabhängigkeit geriet aller nennenswerte Handel ohnehin in

Linke Seite:
Traditionelle Häuser in Reykjavík.
Unverkennbar skandinavische
Einflüsse wie bei dem weißen
Regierungsgebäude, das einmal als
Gefängnis errichtet wurde, und
ganz eigene Lösungen wie die gut
isolierenden und erdbebensicheren
dicken Wände aus Rasensoden.
Bürgerliche Gediegenheit im Hotel
Borg (Mitte).
Skulpturen im Park des Einar-
Jónsson-Museums (oben).

Attraktive Heißwassertanks mit dem Aussichtsrestaurant »Perlan« über Reykjavík (oben). Der Orchesterpavillon am Stadtteich Tjörnin (rechts). Rechte Seite: Nachtleben in Reykjavik zurzeit der Mitternachtssonne.

die Hände norwegischer und später dänischer Kaufleute, die im 17. Jahrhundert an einigen Orten Faktoreien für ihren Monopolhandel einrichteten. Die Handelsniederlassungen wurden die Kristallisationspunkte für das Entstehen von Ortschaften. Reykjavík hatte bis dahin immer mehr an Bedeutung verloren. Den direkten Nachkommen Ingólfurs hatten andere Geschlechter den Rang abgelaufen. Im Jahr 1226 gründeten die Häupter der beiden prominentesten Familien, Þorvaldur Gizurarson aus dem Haukatal und Snorri Sturluson, der berühmte Geschichtsschreiber, Großgrundbesitzer und Verfasser einer Edda, auf der kleinen Insel Viðey vor Reykjavík ein Augustinerkloster, das bald zum reichsten Kloster des Landes aufstieg. 1346 nahm der Statthalter des norwegischen Königs seinen Amtssitz im nahe gelegenen Bessastaðir, das bis heute offizieller Regierungssitz

fel an / den sie Kobalde nennen / der ihnen offt in Menschlicher Gestalt erscheinet«. Der niederdeutsche Schiffer Gories Peerse reimte 1561 kurz und holprig: »Die Häuser stehn dort in der Erden / der Läuse kann man sich nicht erwehren.«

Mitte des 18. Jahrhunderts war das Elend in Island offenbar so groß, dass selbst der sonst vorwiegend seiner Trunksucht frönende König Fredrik V. in Kopenhagen – oder zumindest sein die Regierungsgeschäfte führender Minister Moltke – nicht mehr darüber hinwegsehen konnte. Auf Vorschlag seines isländischen Landvogts Skúli Magnússon, der erste Isländer übrigens, der dieses Amt bekleidete, bewilligte er 1751 einmalig 15000 Reichstaler sowie das Privileg zum Aufbau einer Wollfabrik, als deren Leiter er einen deutschen Webermeister entsandte. Skúli Magnússon war es, der die verkehrstechnisch und klimatisch günstige Lage Reykjavíks erkannte und es zum Standort dieser und weiterer Einrichtungen wie einer Gerberei und Seilerei erkor. Insgesamt entstanden entlang der Aðalstræti (Hauptstraße) 16 neue Gebäude und damit so etwas wie eine erste Handwerkersiedlung auf Island. Und Skúli, der für sich selbst auf der ehemaligen Klosterinsel Viðey das erste und heute älteste Steinhaus Islands errichten ließ, gilt zu Recht als der eigentliche Gründungsvater von Reykjavík.

Der unaufhaltsame Aufstieg von »Smoky Bay«

Vielleicht noch entscheidender als die Verkehrslage und das gemäßigte Klima wurde für Reykjavík bald der Umstand, dass es in historischer Zeit nie von einem Vulkanausbruch oder anderen Naturkatastrophen heimgesucht wurde. 1783 ereignete sich nämlich auf der Insel der größte nacheiszeitliche Lavaausbruch auf der Erde. Am Westrand des Vatnajökull öffnete sich eine riesige Spalte im Boden und spie auf 25 Kilometern Länge mehr als 30 Milliarden Tonnen

des isländischen Präsidenten ist. Im Nachbarort Hafnarfjörður, inzwischen fast mit Reykjavík zusammengewachsen, richtete die deutsche Hanse im 14. Jahrhundert einen Lande- und Stapelplatz ein. Erst nach ihrer Vertreibung und mit der Errichtung eines Handelsmonopols für dänische Kaufleute im Jahr 1602 tauchte Reykjavík wieder auf der Landkarte auf. Doch der armen Kolonie Island brachte die Ära des dänischen Merkantilismus ihre finstersten Jahrhunderte. Wie schon die berühmte »Carta marina« des humanistisch gelehrten schwedischen Bischofs Olaus Magnus von 1539 zeigte, sollten die meisten Isländer – auch der populären Reisebeschreibung des französischen Arztes Pierre Martin de la Martinière von 1671 zufolge – in Höhlen leben, »die in Felsen gehauen sind. Sie sind recht unflätig / grob / wild / und die meisten unter ihnen Zauberer / beten den Teu-

Magma, giftige Gaswolken und Wolken von Asche aus, die noch in Europa die Sonne verdunkelten und Missernten herbeiführten, die anschließend die hungernden Massen in Frankreich zur Revolution drängten. In Island krepierten fast drei Viertel des gesamten Viehbestands. An den Folgen dieser Katastrophe starben rund 10 000 Isländer, ein Fünftel der Gesamtbevölkerung, die auf weniger als 40 000 Überlebende dezimiert wurde. Es kamen Gerüchte auf, die Regierung in Kopenhagen wolle sie alle auf die dünn besiedelten Heiden Jütlands evakuieren und das dann menschenleere Island seinem Schicksal überlassen. Doch tatsächlich entschied Kopenhagen ganz anders: Es hob 1786 das Handelsmonopol auf und verlieh sechs Ortschaften in Island Stadt- und Handelsrechte. Fünf von ihnen mussten ihre Rechte zurückgeben, weil sich einfach kein Aufschwung einstellen wollte. Nicht aber Reykjavík. 50 Jahre später waren fast alle öffentlichen Einrichtungen und Ämter dort angesiedelt. 1845 wurde selbst das zeitweilig stillgelegte Althing in Reykjavík als Appellationsgericht restituiert und ein Jahr später folgte auch die einzige höhere Schule des Landes. Zur Tausendjahrfeier der Entdeckung durch Ingólfur Arnarson stattete 1874 zum ersten Mal ein regierender Monarch seiner entlegenen Provinz und deren Hauptort einen Besuch ab. König Christian IX. brachte dem Land die lang ersehnte Verfassung mit. 1881 wurde in Reykjavík das Parlament am neu angelegten zentralen Platz Austurvöllur erbaut. Die Stadt hatte inzwischen mehr als 2000 Einwohner.

Als Reykjavík 1918 mit der Anerkennung Islands als eigenständigem Land – in Personalunion mit der dänischen Krone – wirklich Hauptstadt wurde, war die Einwohnerzahl bereits auf 17 000 angestiegen und eine demografische Entwicklung hatte eingesetzt, die bis heute ungebrochen anhält, der Zug vom Land in die Stadt. In nur zehn Jahren verdoppelte sich die Einwohnerzahl und dann bis 1950 noch einmal. Die Invasion der alliierten Streitkräfte am 10. Mai 1940, dem Tag des deutschen Einmarsches in Belgien und den Niederlanden, der die Stationierung von bis zu 50 000 amerikanischen und britischen Besatzungssoldaten vor allem um die Hauptstadt herum folgte, bescherte Reykjavík einen wirtschaftlichen Aufschwung und eine solche Nachfrage nach Arbeitskräften, dass mancher von den Älteren hinter vorgehaltener Hand noch immer vom »gesegneten Krieg« spricht. Zwar kamen im Zweiten Weltkrieg durch Torpedierung isländischer Trawler durch deutsche U-Boote oder in britischen Seeminenfeldern etwa 300 Isländer ums Leben (womit das gar nicht am Krieg teilnehmende Land in Relation zur Bevölkerungszahl einen höheren Blutzoll entrichten musste als die USA), doch andererseits wandelte sich das Land unter dem Einfluss der Besatzung innerhalb kürzester Zeit von einem Agrarstaat zu einer urbanen Gesellschaft des Atomzeitalters.

Reykjavík, das am meisten von dieser Entwicklung profitierte, hat sich ganz der Moderne und der Modernisierung verschrieben. Der Zuzug aus den ländlichen Regionen hält unvermindert an, 1992 wurde die 100 000-Einwohner-Marke überschritten, und im Jahr 2012 leben mehr als 200 000 von den insgesamt kaum 320 000 Isländerinnen und Isländern im Großraum der Hauptstadt. Hält der Trend weiterhin so an, dann, so haben Demografen errechnet, wird sich schon in der nächsten Generation die gesamte Bevölkerung in der Südwestecke der Insel konzentrieren und der Rest des Landes wird sich allmählich wieder in eine unbesiedelte Naturlandschaft zurückverwandeln.

In der »Perla«: Ein künstlicher Geysir und ein Aussichtscafé auf der Galerie (oben).
Rechte Seite: Jüngste Huldigung an Amerika. Die »Smáralind«-Shopping-Mall in einem der neuen Stadtviertel von Reykjavík.
Seite 62/63: »Sólfarinn«, das Sonnenschiff, Skulptur am Strandboulevard von Reykjavík.

Auf der Fährte der Eisfüchse

Winterliches Autowandern in Island

1–6 Ein Hauptfreizeitvergnügen vieler Isländer: Geländewagentouren ins unbewohnte Hochland. Besonders auch im Winter. Dann ist weniger Schmelzwasser in den Flüssen und mit wenig Luft in den Reifen kommt man auf Eis und Schnee gut voran.

Seite 66/67:
Die neogotische, gletscherweiße Hallgrímskirkja wurde 1974 fertiggestellt und prägt als höchstes Kirchengebäude Islands das Stadtbild von Reykjavík.

Die Uhr am Armaturenbrett zeigt 8:30. Ein matt beleuchtetes Stück Straße vor der Kühlerhaube ist das Einzige, was die tiefschwarze Dunkelheit von der Welt preisgibt. Zwei Breitengrade vom Polarkreis entfernt dämmern die kurzen Wintertage erst spät herauf.

Vor anderthalb Stunden bin ich in Reykjavík aufgebrochen und fahre seitdem auf der einen Asphaltstraße entlang der Südküste zum Treffpunkt einer Geländewagentour. Geblendet von den flirrenden Schneekörnern leuchtet mir ein, warum viele Isländer Zusatzscheinwerfer auf den Wagendächern montieren.

Als mein alter Land Cruiser auf den Parkplatz rollt, wirkt er neben den anderen Jeeps wie ein schmalbrüstiger Greis. Bald biegen 14 schwerkalibrige Geländewagen von der Straße ab und rollen auf einer schmalen Brücke über einen schwarzen Fluss Richtung Iórsmörk, ein auf drei Seiten von Vulkanketten und Gletschern eingeschlossenes Urstromtal, in das wegen der unkontrollierbaren Glet-

scherabflüsse bis heute keine Straße führt.

Mit beträchtlichem Tempo rumpeln wir über ein Geröllfeld. Bäche kreuzen unseren Weg. Der erste Jeep prescht mit unverminderter Geschwindigkeit hindurch. Krachende Eissplitter und Fontänen spritzen auf. Je weiter wir vorankommen, desto breiter und tiefer werden die

6

4

5

eine etwas tiefere Pfütze.« Vor uns liegt der Hauptarm des Gletscherflusses. Die Krossá ist ein tückischer Fluss. Die Strömung wälzt gewaltige Steinbrocken mit, die das Ende jeder Ölwanne bedeuten können, und wäscht tiefe Löcher in den Untergrund. Schwerfällig windet sich der Konvoi durch den schnell dahingurgelnden Fluss. Dann stehen wir alle auf dem nördlichen Ufer. Zweieinhalb Stunden haben wir für die 30 Kilometer benötigt.

Vom höchsten Punkt blicken wir über die schweigende Urweltlandschaft in die Tiefe: Der Fluss zeichnet sein graues Schlingenmuster auf das helle Tuch des Talbodens. »Bei dem Anblick weiß man doch wieder, wozu man überhaupt auf dieser Eisscholle lebt.«

Wasserläufe. Steil tauchen die Motorhauben ins Wasser, ehe die Räder Grund finden. Die Eisdecke würde die leichteren Fahrzeuge bis auf den Fluss hinaustragen. Würden sie dort aber einbrechen, kämen sie nicht wieder auf den hohen Eisrand hinauf. Also fährt das schwerste Gerät vor und bricht krachend eine Rinne.

Es ist inzwischen so hell geworden, wie es an einem bedeckten Wintertag in Island werden kann. Farben verwendet ein solcher Tag nur sparsam, fertigt kaum mehr als eine Schwarz-Weiß-Radierung von der Landschaft. Über steile Eisbrüche stürzt eine Gletscherzunge in einen schiefergrauen See mit Eisbergen. Sein Abfluss ist ein breites, gurgelndes Wildwasser, in dem wir ein ganzes Stück weiterkommen müssen, ehe wir einen geeigneten Ausstieg finden.

Es ist fast Mittag, als wir endlich den tief verschneiten Kessel der Þórsmörk erreichen. Mehr als 20 Wasserläufe haben wir bisher durchfurtet. »Passt mal auf, Leute«, sagt unser Führer durch die Sprechfunkgeräte, »jetzt kommt

Wo die Steine reden

Der Westen

Der Leuchtturm von Bólungarvík, Westfjorde (ganz oben). – Papageitaucher am Látrabjarg (Mitte). In den von Menschen verlassenen Westfjorden sind Boote fast das einzige Transportmittel (unten). Rechte Seite: Wo der Wind so unablässig fegt wie auf der Halbinsel Snæfellsnes, bedecken nur Moospolster das nackte Lavageröll.

Als erfahrene Seeleute kannten sich die Entdecker und Besiedler Islands natürlich bestens mit der Navigation aus. Schon früh wird in den Quellen ein »Leitstein« erwähnt. Allerdings wissen wir nicht mit Sicherheit, ob die Wikinger schon eine Vorform des Kompasses benutzten. Auch von einem »Sonnenstein« ist in der Saga des heiligen Olaf die Rede, bei dem es sich vielleicht um das in ihrer skandinavischen Heimat häufig vorkommende Kristall Cordierit handelt, das seine Farbe je nach Lichteinfall ändert und selbst bei Nebel und dichter Bewölkung erkennen lässt, aus welcher Richtung die Sonne scheint. Gefunden wurden Überreste hölzerner Scheiben mit Markierungen für Sonnen- und Kurspeilungen und die Himmelsrichtungen.

Obgleich die meisten Isländer längst in Städten leben, spiegelt der Sprachgebrauch bis heute den früher vorwiegenden Aufenthalt in der freien Natur wider. Jedenfalls benutzen Isländer viel häufiger die Himmelsrichtungen für die Angabe von Orten als wir. Wenn man sie nach dem Weg fragt, liegt ein Haus meist nicht auf der linken oder rechten, sondern auf der östlichen oder westlichen Straßenseite, der Eingang befindet sich nicht vorn oder hinten, sondern auf der Süd- oder Nordseite. Den Einwohnern von Akureyri ist dieses Prinzip so in Fleisch und Blut übergegangen, dass ihnen spöttische Zungen nachsagen, sie würden selbst die Butter von Ost nach West aufs Brot streichen.

Auch sonst stammen viele Richtungsangaben noch aus einer Zeit, bevor es genordete Landkarten, den Straßenatlas oder ein GPS-Navigationssystem gab. Brechen Reykwikinger in den Süden ihrer Insel auf, reisen sie »nach Osten über den Berg« und »nach Süden fahren« bedeutet fast überall sonst in Island, sich auf den Weg in die

Das Wasser ist in den menschenarmen Westfjorden noch überall klar und durchsichtig, und viele Menschen leben vom Fischfang. Trawler in Flateyri *(rechts)*. Vom Plateau der Tafelberge windet sich die Schotterstraße in Serpentinen hinab zum Fjord Arnarfjörður *(Mitte)*. Seltene Ausnahme in Island: goldgelber Muschelsand. Rauðisandur *(unten)*.

Borg

Dort, wo heute ein flacher Damm die Nationalstraße 1 von Reykjavík über den Borgarfjörður nach Norden ins Westland führt, liegt auf einer Landzunge der kleine Ort Borgarnes. Seine größte Attraktion ist ein alter Grabhügel. Dort soll Skallagrímur Kveldúlfsson, der frühe »Landnehmer« aus der »Egils saga Skallagrímssonar« bestattet gewesen sein. Er hatte sich dort angesiedelt, wo der Sarg seines Vaters an Land getrieben war, und seinen Hof Borg genannt. Auf diesem Hof, der bis heute besteht, war der kleine Egill herangewachsen, hatte seine ersten Strophen gedichtet und, der Saga zufolge, seinen ersten Totschlag begangen. Nach erfolgreichen Wikingerzügen heimgekehrt, ließ er um 946 auf der Landspitze Borgarnes seinen Vater samt Pferd in jenem Hügel beisetzen. Im Jahr 2006 wurde gleich daneben das »Landnahmezentrum« eröffnet, das für seine Installationen mit dem Innovationspreis der isländischen Tourismusvereinigung ausgezeichnet wurde.

Hauptstadt zu begeben, ganz gleich, ob man sich im Westen, Norden oder Osten der Insel befindet. Und wenn man die Stadt in nördlicher Richtung wieder verlässt und die Kompassnadel dabei ziemlich genau nach Norden zeigt, fährt ein Isländer zumindest seinem Sprachgebrauch nach zunächst einmal nach Westen. Letzteres mag damit zusammenhängen, dass sich nach der uralten Einteilung der Insel in Landesviertel nördlich (und westlich) von Reykjavík das Westland ausbreitet.

Hælavík   Hornvík
Hælavíkurbjarg ▲   ▲ **Hornbjarg**   *Látravík*
Aðalvík   HORNSTRANDIR
Hesteyri

Ísafjarðardjúp
Bolungarvík

Suðureyri   925 ▲ *Drangajökull*
                        Jökulbunga   851
Flateyri   Ísafjörður   Æð   **Bæir** ▲ **Hrolleifsborg**
            Suðavík   *Kaldalón*
Þingeyri   Ögur
                        Vatnsfjörður   Gjögur
Arnarfjörður
            Gláma
Hrafnseyri   ▲
            925
Patreks-   **Reiphól**
fjörður   Bildudalur   ▲
                                881
Patreksfjörður   Hólmavík   *Húnaflói*
Látrabjarg   *Fossheiði*
Bjargtangar   Tungumúli
            Rauðisandur
            Barðaströnd   Brjánslækur
                        Reykhólar
FLATEY

ATLANTISCHER   *Breiðafjörður*   Hvammstangi
OZEAN   Laugarbakki

                                    Laugar
                        Fellströnd
            Stykkishólmur   *Hvammsfjörður*   Búðardalur

Hellisandur   Grundarfjörður   1
        Ólafsvík   SNÆFELLSNES   Dalsmynni
            Búðir
Malarif   Arnarstapi   Stakkhamar   Hvítárdalur
                                                        Húsafell
Faxaflói   **Skorradal**
                        Borgarnes   Hvanneyri

0   N   25 km

            Akranes

Der Polarfuchs, hier ein Jungtier,
lebte schon lange vor den Menschen
auf Island *(links oben)*.
Der Klifarvatn im Geothermalgebiet
von Kyskvík *(links unten)*.
Die robusten Islandpferde gehören
zu Island wie Wasserfälle und
Geysire *(links)*.

Wolken von Seevögeln schwirren um die steilen Vogelfelsen wie hier am Hælavíkurbjarg (oben). Äußerste Felsbastion vor dem Nordmeer: Hornbjarg (534 m) (rechts). Rechte Seite: Naturdusche für hartgesottene Camper in Hornvík.

Dieses Westland gehört zu den landschaftlich vielfältigsten Regionen der Insel und umfasst vor allem das Land um den großen Golf Faxaflói mit dem Borgarfjörður samt Hinterland, die nordwestlich anschließende feuchte Schwemmlandebene der Mýrar, Moore, die hinausführt zu der weit nach Westen vorspringenden Halbinsel Snæfellsnes sowie ganz im Nordwesten zur tief zerklüfteten Halbinsel der Westfjorde.

Geologisch betrachtet befinden wir uns dort bereits in Amerika oder zumindest auf der nordamerikanischen Kontinentalscholle, denn die Kluft zwischen den auseinanderdriftenden tektonischen Platten verläuft mitten durch die alte Thingstätte bei Þingvellir und von dort weiter nordöstlich. Solche Risse, die sich zwischen konti-

dig flüssiges Gestein aus dem Erdmantel in die Höhe pumpt. Als die Nahtstelle zwischen den tektonischen Platten Europas und Nordamerikas vor rund 15 Millionen Jahren über diesen sogenannten Hotspot trieb, begann die vulkanische Tätigkeit, der auch die mit den Platten inzwischen abgewanderten uralten Basalte von Grönland bis Schottland zu verdanken sind. Ebenso wie diese werden die Lavaschichten, aus denen sich Island aufbaute, durch das stets neu geförderte frische Eruptivgestein in der Mitte des Grabenbruchs beiseite geschoben und von den tektonischen Platten, auf denen es zu liegen kommt, mitgenommen. Daher finden sich die ältesten Gesteine auf der Insel an ihren Rändern, zum einen in den Ostfjorden und zum anderen die allerfrühesten mit einem Alter von annähernd 15 Millionen Jahren westlich und nördlich des Ísafjarðardjúps in den Westfjorden. Verglichen mit den Acasca-Gneisen im Norden Kanadas, die sich nur 600 Millionen Jahre nach der Entstehung der Erde vor vier Milliarden Jahren formten, sind die isländischen Basalte blutjung. Aber während an den Urgesteinen des Kanadischen Schilds höchstens noch die eine oder andere Eiszeit ein wenig herumhobelte, lässt sich an den dramatischen Gesteinsformationen Islands Erdgeschichte wie im Zeitraffer ablesen.

Das Land ist immer noch in steter Bildung und Umbildung begriffen. Voreiszeitliche Vulkane und Gesteinsmassen wurden und werden von Gletschern, Frost, Wasser und Wind abgetragen. Subglaziale Vulkanformen sind ebenso zu besichtigen, wie den höheren von ihnen abzulesen ist, in welcher Höhe sie einmal das Eis der Gletscher durchbrachen und ab wo ihre Gipfel als Nunataks aus dem Eis ragten. Jüngere Vulkane stehen noch gänzlich schroff und nicht vom Eis und der Erosion geschliffen in der Landschaft, als wären sie erst gestern nach ihrem gewaltsamen Ausbruch erstarrt. Andernorts künden aufsteigende Rauchfahnen und Schwefelwolken davon, dass die Ruhe nur vorläufig ist und das Inferno eines Ausbruchs jederzeit wieder losbrechen und ganze Landschaften umgestalten kann.

nentalen Platten auftun, kennen wir auch andernorts auf der Erde. Wo sie aber im Meeresboden verlaufen, erreicht das aus ihnen hervorquellende Magma nur an wenigen Stellen den Meeresspiegel und bildet dort mehr oder weniger kleine Inseln. Mit der Drift der Platten wandert in langen Zeiträumen auch die Bruchstelle zwischen ihnen und formt so ein verstreutes Cluster oder Archipele von Inseln wie in den Weiten des Pazifik. Island ist der einzige Punkt auf der Erdkruste, an dem der Riss zwischen den Lithosphärenplatten seit Jahrmillionen mehr oder weniger ortsfest geblieben ist, sodass die ausgestoßenen Lavamengen inzwischen eine vergleichsweise große Insel entstehen ließen. Den Grund dafür sehen Geologen in einer Hunderte von Kilometern in die Tiefe reichenden Magmaströmung, die bestän-

Der Westen Islands allerdings gilt in dieser Hinsicht als weniger verdächtig, denn hier begannen die vulkanischen Aktivitäten bereits vor 15 Millionen Jahren in einer Riftzone, der die Halbinsel Snæfellsnes mit ihrem an den Fudschijama erinnernden Stratovulkan Snæfellsjökull (1446 m) zu verdanken ist. In dessen Gipfelkrater soll sich nach Auskunft von Jules Vernes bekannten Roman »Reise zum Mittelpunkt der Erde« sogar der Einstieg zu ebendiesem Mittelpunkt befinden. Als der Vulkanismus dort vor sechs bis sieben Millionen Jahren allmählich zur Ruhe kam, öffnete sich weiter östlich ein Grabenbruch von Reykjanes bis unter den heutigen Langjökull, in dem sich unter den Gletschern der Eiszeit hohe Tafelberge aus Tuff wie der Eiríksjökull und nach dem Abtauen der Eiszeitgletscher vor gut 10 000 Jahren regelmäßige Schildvulkane wie Ok und Skjaldbreiður bildeten.

Schlafende Feuerriesen

In der Zwischenzeit war die aktivste Zone auf dem Reykjanes-Rücken noch einmal ostwärts »gesprungen« und zieht sich seitdem als fast permanent tätiger Gürtel von mehr als 30 Vulkansystemen mit Spaltenschwärmen und Vulkanzentren am Westrand des Vatnajökull entlang von Südost nach Nordnordwest. Im Westen erwachte um diese Zeit vor gut zwei Millionen Jahren das Vulkansystem unter dem Snæfellsjökull noch einmal zu aktivem Leben. Der letzte Ausbruch hat sich dort vor kaum 1800 Jahren ereignet und isländische Geologen gehen davon aus, dass keines der größeren Vulkanzentren auf der Insel als mit Sicherheit erloschen gelten darf.

Angesichts dieser Vielfalt ihrer vulkanischen Erscheinungsformen verwundert es nicht, dass Island zum bevorzugten Expeditions-

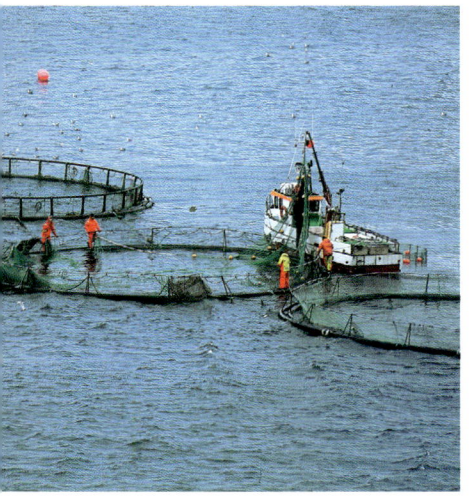

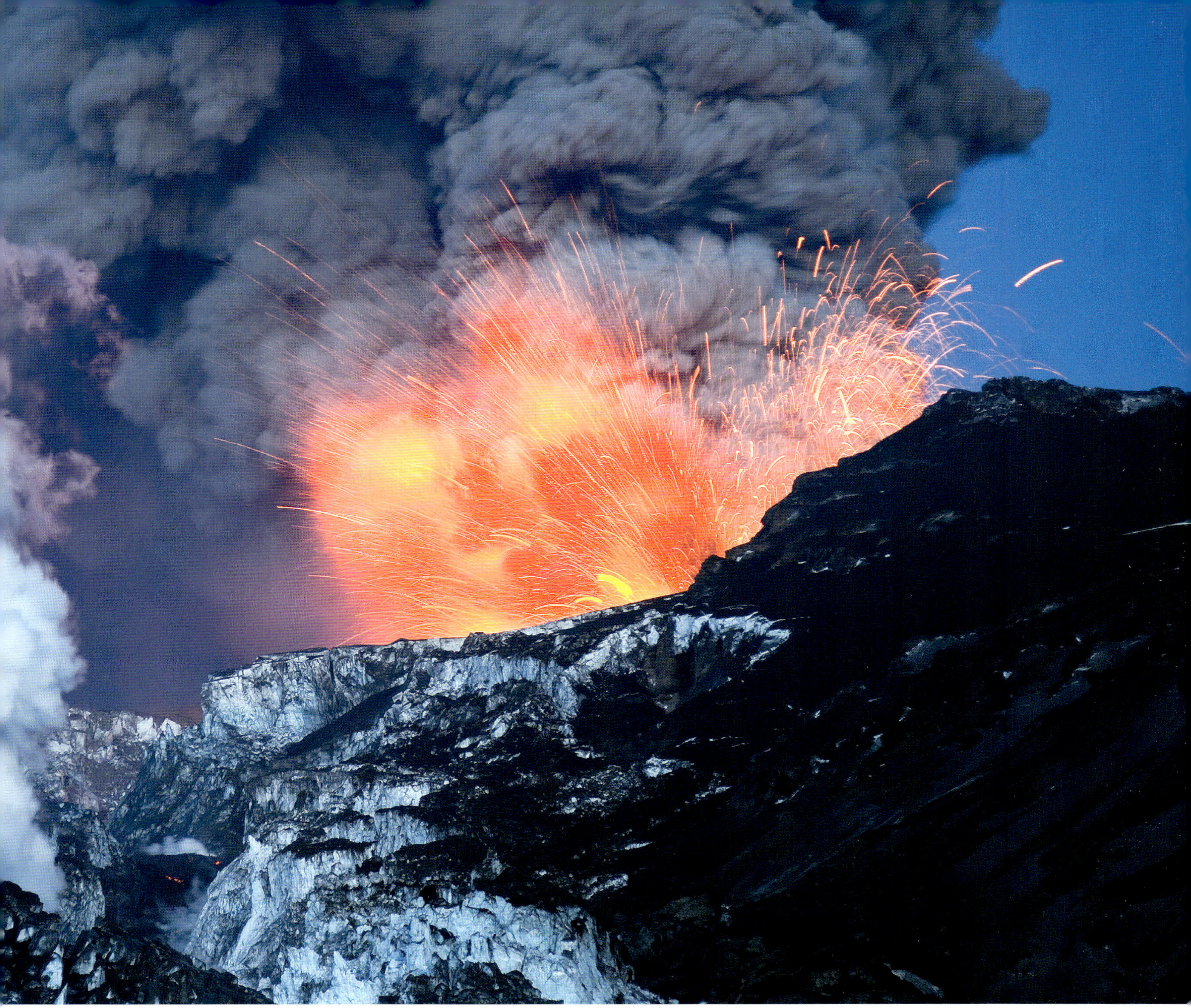

ziel von Naturforschern wurde. Im letzten Drittel des 18. Jahrhunderts entwickelte der deutsche Mineraloge Abraham Gottlob Werner seine »Geognosie« genannte Wissenschaft von der physischen und mineralogischen Beschaffenheit der Erde. Alle Gesteine seien als zunächst wässrige Lösungen nacheinander in einem durch die Sintflut geschaffenen Urozean entstanden und hätten sich darin Schicht auf Schicht abgelagert, besagte seine Lehre. Werner zog viele Schüler, darunter Alexander von Humboldt, an die Freiberger Bergakademie, und auch Goethe schloss sich seiner Auffassung an. Sie hätte ihn in seinem »Unglauben in betreffs des Hebens, Quetschens, Schleuderns und Schmeißens« bestärkt, diktierte er noch 1829 in sein Journal. Um diese Zeit aber galt der »Neptunismus« Werners bereits als von seinen Gegnern, den Anhängern der von dem schottischen Geologen James Hutton begründeten Theorie des Plutonismus,

Linke Seite:
Der 3000 Jahre alte Krater des Grábrók mit seinem Lavafeld im Tal der Norðurá (oben).
Traditionelle Saisonbehausungen für die Bootsmannschaften der Fischer. Bólungarvík (Mitte).
Seit seinem Ausbruch im April 2010 ist der Eyafjallajökull der im Ausland berühmteste Vulkan Islands (oben).
Die stillen Fjorde eignen sich vorzüglich für die Fischzucht: Aquakultur in Patreksfjörður (links).

Dem Licht der Mitternachtssonne, oft durch aufreißende Wolken einfallend, kann man sich in magischen Momenten wie diesen nicht entziehen (oben und unten). Rechte Seite: Wolken, Licht und Wasser im Zusammenspiel am Dynjandi-Wasserfall in den Westfjorden.

widerlegt, der zufolge Gesteine vor allem durch magmatische Vorgänge im Inneren der Erde entstehen, aus dem sie durch Vulkanausbrüche an die Oberfläche gequetscht, geschleudert und geschmissen werden.

Im Jahr 1810 unternahm der schottische Mineraloge Mackenzie eigens eine Reise nach Island, um anhand dort gesammelter Lavaproben die Stichhaltigkeit der plutonistischen Theorie zu beweisen. Wochenlang streifte er mit seinen Begleitern durch die Lavafelder auf Reykjanes und bestieg als erster Ausländer den Snæfellsjökull. »Die Szenerie vor uns war außerordentlich düster; die Oberfläche von schwarzer Asche bedeckt, verschiedene Klüfte von hohen Felsklippen und kahlen Gipfeln umschlossen, ohne jedes Anzeichen von Vegetation, durch treibende Nebel noch trostloser erscheinend, dazu jagte

einem die völlige Stille heftige Empfindungen von Schrecken ein.« Heute ist der Gipfel des Snæfellsjökull ein beliebtes Aufstiegsziel von Wandergruppen und – obwohl Nationalpark – von lärmenden Schneescootern. Vorbei ist's mit der »völligen Stille«.

Die Halbinsel Snæfellsnes ist so etwas wie eine verkleinerte Ausgabe der ganzen Insel: im Inneren die Berge, an der Südseite das ebene Unterland und die weiten Strände wie an Islands Südküste, an der Nordseite dagegen tief einschneidende, bergige Fjorde wie in Islands Norden. Früher musste man jeden einzelnen von ihnen gänzlich ein- und auswärts abfahren, doch heute verkürzt die Straße auf künstlich aufgeschütteten Dämmen den Weg zwar erheblich, enthält einem aber auch manchen atemberaubenden Anblick vor. Wer die frühere Intensität des Erlebens in dieser großartigen Landschaft noch

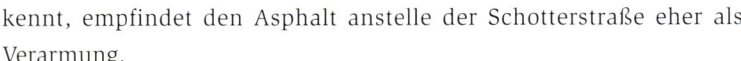

kennt, empfindet den Asphalt anstelle der Schotterstraße eher als Verarmung.

Der Fjordküste auf einer Landzunge vorgelagert, befindet sich einer der hübschesten Orte Islands, Stykkishólmur. Wegen seines geschützten Hafens erwarb ein Deutscher namens Carsten Bache von der dänischen Krone schon 1597 ein Handelsprivileg für den Ort – und Stykkishólmur blieb seitdem Handelsplatz mit guten Verbindungen nach Dänemark und Norwegen. Dort erhielt auch der Kaufmann Árni Thorlacius seine Ausbildung und übernahm in der ersten Hälfte des 19. Jahrhunderts das Geschäft seines Vaters in Stykkishólmur. Für sein nach den damaligen Verhältnissen großartiges Haus holte er 1832 persönlich das gesamte Bauholz aus Norwegen. Mit seinen fast 300 Quadratmetern Wohnfläche ist das klassizistische »Norwegische Haus« noch immer die Zierde des Ortes und hat einst bekannte Islandreisende wie 1836 die Brüder Gaimard, 1858 den Münchener

Professor für Rechtsgeschichte und Islandfreund Konrad Maurer und zwei Jahre später den präraffaelitischen Designer und Schriftsteller William Morris beherbergt. Árni Thorlacius war nicht nur Kaufmann, er setzte sich auch aktiv für die Unabhängigkeitsbewegung der Isländer ein, gründete 1845 die erste Wetterstation des Landes und stiftete als wahrer Volksaufklärer eine Bibliothek, aus deren Lesesaal man mit Abstand den schönsten Ausblick aller isländischen (und vielleicht sogar europäischen) Bibliotheken genießt: auf den kleinen Hafen mit dem vorgelagerten Felsen, die 1000 Inseln des Breiðafjörður und die oft schneebedeckten Berge in den Westfjorden.

Diese rund 10 000 Quadratkilometer große und so stark zerklüftete Halbinsel ist nur durch eine schmale Landenge mit der Hauptinsel verbunden. Schon aufgrund dieser abgeschiedenen Lage sagt man ihren Bewohnern eine besondere Beziehung zu Zauberei und übernatürlichen Phänomenen nach. Dieses Vorurteil geht sicher auf das

Fortsetzung auf Seite 84

Beim Wandern in den seit einem halben Jahrhundert verlassenen Hornstrandir ist man ganz auf die eigene Trittsicherheit angewiesen, sonst gibt es mindestens nasse Füße.

Seite 80/81:
Einsamkeit und Weite, grandiose Weite – der Arnarfjörður öffnet sich zum Nordmeer.

Bewohnbar oder nicht?

Das Problem der Landflucht

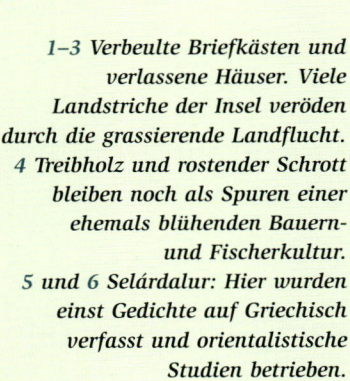

1–3 Verbeulte Briefkästen und verlassene Häuser. Viele Landstriche der Insel veröden durch die grassierende Landflucht.
4 Treibholz und rostender Schrott bleiben noch als Spuren einer ehemals blühenden Bauern- und Fischerkultur.
5 und 6 Selárdalur: Hier wurden einst Gedichte auf Griechisch verfasst und orientalistische Studien betrieben.

Isländer denken schon lange darüber nach, was sie dem nicht zu stoppenden Trend einer Entvölkerung weiter Landstriche ihrer Insel entgegensetzen können. Großstädter aus Mitteleuropa hingegen wundern sich angesichts dieser einsamen, kahlen Landstriche, wie überhaupt Menschen dort auch nur einen der langen und kalten Winter überstehen können. Was also ist das eigentlich verwunderliche Phänomen, könnte man sich fragen: die Landflucht oder die Tatsache, dass heute so entlegene Teile der Insel am Polarkreis überhaupt jemals bewohnt und bewirtschaftet wurden? Einheimische Rationalisierer lassen schon einmal verlauten, die Landflucht habe durchaus ihr Gutes, man könne bald die Ge-

samtbevölkerung im Großraum Reykjavík zusammenballen, den Rest des Landes zum Natur- und Freizeitreservat erklären und sich die volkswirtschaftlich teure Aufrechterhaltung einer Infrastruktur in drei Landesvierteln sparen. Doch die überwiegende Mehrheit der Isländer bedauert den Untergang der traditionellen Siedlungsweise auf über das Land verstreuten Einzelhöfen mit ihrer ganz eigenen Kultur – und zieht dennoch weiterhin in die Stadt. 80 000 waren es allein in den letzten 30 Jahren.

Doch war das nicht immer so. Nehmen wir zum Beispiel die Westfjorde, die nur durch eine schmale Landenge mit der Insel verbunden sind. Verkehrstechnisch ein Albtraum für die Straßenanbindung an die Haupt-

stadt. Im 19. Jahrhundert aber, nachdem das Handelsmonopol mit der Kolonialmacht Dänemark aufgehoben war, regelmäßig große Fischschwärme um die Halbinsel zogen und norwegische Walfänger dort Stationen errichteten, zog diese Gegend mehr Menschen an als jede andere in Island, denn sie gab ihnen Arbeit. Ihr Hauptort Ísafjörður entwickelte sich mindestens im gleichen Takt wie Reykjavík und erhielt im Jahr 1866 Stadtrecht.

Erst im 20. Jahrhundert und besonders mit dem Zweiten Weltkrieg schlug den Westfjorden bald das letzte Stündlein. Lebten dort um 1900 noch annähernd 12 000 Menschen oder 16 Prozent der Gesamtbevölkerung, so verließ 1952 der letzte Bauer

5

6

die 600 Quadratkilometer große nördlichste Halbinsel Hornstrandir, die man 1975 zum menschenfreien Naturschutzgebiet erklärte. Immer größer wurde der Sog des inzwischen zur Hauptstadt einer unabhängigen Republik Island aufgestiegenen Reykjavík mit seinen vielfältigen Arbeits-, Bildungs- und Freizeitmöglichkeiten, und je mehr dorthin abwanderten, umso mehr schränkten sich die entsprechenden Möglichkeiten auf dem Lande ein. Inzwischen sind die Menschen in den Westfjorden, der Gegend mit der stärksten Abwanderung landesweit, zusammengerückt: von den noch verbliebenen weniger als 7500 Menschen leben über 6000 in nur drei Ortschaften. Von ihnen ziehen derzeit Jahr für Jahr weitere 300 in die Stadt. Damit ist die Einwohnerzahl in den Westfjorden wieder hinter den Stand von 1860 zurückgefallen. Der größte Teil der gut 10 000 Quadratkilometer großen Halbinsel ist bereits so gut wie menschenleer. An einsamen Fjordufern dösen ungestört Seehunde. Man stößt auf Spuren einstiger Besiedlung, die langsam zerfallen und unter wuchernder Engelwurz verschwinden.

17. Jahrhundert zurück, als die meisten der isländischen Hexenprozesse in den Westfjorden geführt wurden. So brachte der Pfarrer Jón Magnússon aus dem späteren Ort Ísafjörður 1656 zwei Männer wegen Zauberei auf den Scheiterhaufen und rechtfertigte sich im Nachhinein mit einem der bemerkenswertesten Zeugnisse der isländischen Literatur, seiner »Passionsgeschichte« (Píslarsaga), in der er wie auf einem psychedelischen Höllentrip genauestens seine Teufelsvisionen und Heimsuchungen beschrieb. Im Unterschied zum Kontinent wurde in Island nur eine einzige Frau als Hexe verbrannt. So zurückgeblieben wie in dieser düsteren Epoche waren die isländischen Westfjorde zuvor allerdings bei Weitem nicht. Im Gegenteil, gerade im vorangegangenen Spätmittelalter lebten in ihnen die wohlhabendsten Familien von Island, deren Mitglieder auf Reisen durch Europa bis nach Spanien oder Jerusalem zogen und zum Teil sogar über Häuser und Grundbesitz im Ausland verfügten. Reich wurden sie durch den Stockfischhandel mit England und den Hansestädten. Umso mehr schadeten gerade ihnen daher die Restriktionen, mit denen die Könige Dänemarks und der Nordischen Union nach und nach das von ihnen angestrebte Handelsmonopol durchsetzten. Steigende Nachfrage nach Salzfisch, nach Hering und nach Hailebertran

Hvammur (»Kessel«), Heimat eines bedeutenden Geschlechts in den isländischen Sagas (links).

Seitwärts strömen die Wasserfälle Hraunfossar aus einem Lavafeld in die Hvítá (unten).

für Lampen sowie der vor allem von Norwegern betriebene Walfang brachten in der zweiten Hälfte des 19. Jahrhunderts neuen Schwung in die Westfjorde. 1902 lief dort das erste motorgetriebene Boot auf Fischfang aus. Damit begann in den Westfjorden, was man die industrielle Revolution Islands nennt. 1905 stellte man den ersten isländischen Trawler in Dienst, dem bald weitere folgten. Die seitdem steigenden Fangmengen führten zum Aufbau der ersten industriell arbeitenden Fischverarbeitungbetriebe des Landes, die Arbeitskräfte anzogen und zum allerersten Mal so etwas wie eine Arbeiterklasse in Island entstehen ließen. Die Einwohnerzahl von Ísafjörður (damals

schon drittgrößter Ort des Landes) nahm von gut 1000 um die vorletzte Jahrhundertwende in nur zehn Jahren um fast 80 Prozent zu, unter ihnen vor allem Arbeiter und Arbeiterinnen. 1904 wurde ebenfalls in Ísafjörður die erste Maschinenfabrik Islands eingerichtet. Auch andere Orte, die günstige Anlandeplätze boten, Wartungs-, Verarbeitungs- und Versorgungseinrichtungen bauten, blühten auf. Am rasantesten schritt dieser Industrialisierungsprozess jedoch in der Hauptstadt voran und Reykjavík begann eine Sogwirkung zu entfalten, die in den Westfjorden und anderswo bald das Problem einer immer stärker werdenden Landflucht auslöste.

Heute besteht die Anziehungskraft der weit verzweigten Halbinsel besonders in ihrer wieder eingekehrten einzigartigen Naturschönheit, die die kurze Epoche hektischer Betriebsamkeit nahezu unbeschadet überstanden hat. Die 14 Kilometer lange und bis zu 450 Meter senkrecht aufragende Steilküste bei Látrabjarg ist der größte Vogelfelsen der nördlichen Halbkugel und ein Paradies für Ornithologen. Auf ihren schmalen Simsen und Felsbändern brüten nach Schätzungen der Vogelkundler allein eine Million Vögel: Gryllteisten, Krähenscharben, Dreizehenmöwen, Lummen, Eissturmvögel, Basstölpel, Papageitaucher und Tordalken, die größte Kolonie dieser Vögel weltweit. Früher war es ein wesentlicher Beitrag zur Ernährung der Menschen in den Westfjorden, sich an Seilen die Wände solcher Vogelfelsen herabzulassen und Eier zu sammeln, an manchen Tagen bis zu 15 000

Stück. Nach dem Schlüpfen der Jungen fing man die Altvögel in Keschern und räucherte das Fleisch, um es bis in die karge Winterszeit haltbar zu machen. Obwohl die Isländer auf diese Weise jahrhundertelang ihren mageren Speisezettel bereicherten, gerieten die riesigen Bestände in den Vogelfelsen nie in ernsthafte Gefahr.

Seit 1913 steht am äußersten Ende bei Bjargtangar ein Leuchtturm, der westlichste Vorposten Europas, der sicher manches Schiff bei schlechter Sicht und hoher See vor dem Scheitern bewahrt hat. Nicht so im Dezember 1947, als kurz vor Weihnachten bei schwerem Sturm der britische Trawler »Dhoon« aus Fleetwood 70 Meter vor der Steilwand von Látrabjarg auf einen Felsen lief. »Als wir die steile und dick mit Eiszapfen gepanzerte Felswand vor und die Brandung hinter uns erkannten, machten wir uns kaum Hoffnung auf Rettung«,

erklärte der damals 18-jährige Matrose Arthur Spencer. »Die Nacht verging quälend langsam, doch als es endlich dämmerte, entdeckte einer von uns ein Licht oben auf der Steilkante. Es verschwand wieder, doch dann sahen wir es alle. Man kam uns zu Hilfe. Ein Mann wurde an einem Seil die Wand hinabgelassen. Der musste eiserne Nerven haben.« Tatsächlich gelang es den Bauern von Látrabjarg, eine Leine zum Schiff hinüberzuschießen und alle zwölf noch lebenden Besatzungsmitglieder zu bergen. Eine Rettungstat, die nach Ansicht vieler Isländer ihre besten Eigenschaften offenbarte: Mut, Einfallsreichtum und Improvisationstalent gepaart mit Entschlusskraft und psychischer Stärke, wie man sie wohl vorzugsweise dann erwirbt, wenn man mehr oder weniger auf sich gestellt ist und sich in einer so unbarmherzigen Natur behaupten muss.

Linke Seite:
Im Winter erstarren viele
Wasserfälle zu Eiskaskaden.
Die Brandung wäscht große
Höhlen in die poröse
Lavaküste (oben).
Und doch haben sich Menschen
hier seit Jahrhunderten wohnlich
eingerichtet: Arnarstapi,
Snæfellsnes (unten).

*Unsere heutige Spa(ß)gesellschaft
verwandelt schwarze Lava in
türkis leuchtende Badeland-
schaften. Die Blaue Lagune auf
der Reykjanes-Halbinsel.*

Seite 90/91:
*Im Breiðafjörður liegen Tausende
von Schären und Inseln.*

Wachstum am Polarkreis

Flora und Fauna in Island

1–3 Papageitaucher sind arglose Gesellen. Der Polarfuchs und das Alpenschneehuhn sind dagegen vor dem Menschen mehr auf der Hut, lassen sich aber in Island immer wieder beobachten.

4 Vor Schafen muss der (Auto fahrende) Mensch auf der Hut sein, denn sie laufen überall frei herum und lecken gern Salz vom Straßenbelag.

5–7 Flechten bereiten Pflanzen den Boden.

Seite 94/95:
Im Winter ist die Halbinsel Hornstrandir nahezu unbewohnt, doch im Sommer zieht es viele Gäste hierher.

Island liegt auf der Höhe von Alaska und der Beringstraße. Alle höhere Vegetation als arktische Tundra ist ein wunderbares Geschenk des Golfstroms. Diese herrscht auf den Hochplateaus der Westfjorde oder im Hochland des Landesinneren vor, wo die mehr als 1000 Moos- und Flechtenarten gemeinsam mit polsterbildenden Pflanzen wie Stengellosem Leimkraut und Zwergsträuchern eine dürftige Bodendecke bilden. Auf schwarzen Asche- und Sandflächen fallen neongrün leuchtende Quellmoose gleich ins Auge.

Im Tiefland sind auch ältere Lavafelder häufig von dicken Moospolstern aus wollhaarigem Zackenmützenmoos überzogen. Da es bei Trockenheit eine silbriggraue Färbung annimmt, nennen es die Isländer schlicht Graumoos.

Wo Krustenflechten erst einmal begonnen haben, Gestein aufzulösen und Laubflechten Wasser und Nährstoffe speichern, wird allmählich der Boden für die Vegetation bereitet, die in Island nur ein Viertel der Fläche bedeckt. In Spalten siedeln sich Farne, Fetthenne, Steinbrech und horstbildende Gräser an, die zu einer ersten Humusbildung beitragen. So entsteht eine flache, nach und nach zusammenwachsende Bodendecke. Wo sie wasserarm ist, macht sich Trockenrasen aus Seggen, Gräsern und Stauden breit, in Feuchtgebieten entstehen Flachmoore mit Bin-

7

6

sen, Schachtelhalm und dem für Island typischen Wollgras. Auf silikatreicherem Untergrund bilden sich Heideflächen aus Zwergsträuchern wie Ericaceen, Krähen-, Stein- und Blaubeersträuchern. Diese verbuschen im Lauf der Zeit und wachsen am Ende zu Gehölzen, in denen sich Bäume ansiedeln. Auf Island kommen nur kleinwüchsige Birken wie Zwerg- und Moosbirke vor, Ebereschen und vier Weidenarten, von der nur 20 Zentimeter hohen Krautweide bis zur gut fünf Meter hohen Grünen Weide. Die höchsten Bäume stehen in dem seit 1903 gezielt aufgeforsteten Wald von Hallormsstaðir: ein Hain Sibirischer Lärchen, die inzwischen über 18 Meter hoch sind. Zwischen den Lärchen blüht im Sommer blaulila der Waldstorchschnabel. Auf den offenen Schotterflächen an Flussufern ist das endemische rot blühende Arktische Weidenröschen ein hübscher Blickfang. An wild lebenden Landsäugetieren kommen nur der vor dem Menschen eingewanderte Polarfuchs sowie ausgewilderte Nerze und etwa 3000 Rentiere auf den Hochheiden des Ostlands vor. Island wird regelmäßig von 230 bis 280 Vogelarten besucht. Besonders an den Küsten, an denen sich im Sommer Millionen Seevögel zum Brüten einnisten. Nach ihnen bilden die Watvögel die zweite große Artenfamilie der isländischen Vogelfauna. Die Lóa, der hübsch gemusterte Goldregenpfeifer, gilt als Frühlingsbote. Das Alpenschneehuhn, das traditionelle Weihnachtsessen, darf nicht mehr in jedem Jahr geschossen werden, weil die Bestände stark schwanken und von ihnen auch Islands Wappenvogel abhängt, der Gerfalke. Mit bis zu 1,60 Metern Flügelspannweite ist er der größte aller Falken. Seit dem Mittelalter war er ein königliches Geschenk für Monarchen. Kaiser Friedrich II. von Hohenstaufen ließ sie auf Sizilien fliegen und Scheichs der Arabischen Emirate zahlen heute zigtausend Dollar für ihn. Um die Gerfalken zu schützen, werden ihre Horstplätze geheim gehalten sowie die Brutreviere weiträumig abgeschirmt und überwacht.

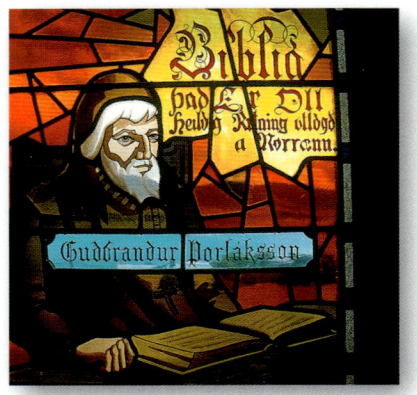

Stolz auf eigene Traditionen

Der Norden

U nter den Isländern gelten die Bewohner des Nordlands als besonders stolz auf ihre Heimatregion. Akureyri, lange zweitgrößter Ort der Insel, schmückt sich gern mit dem Titel »Hauptstadt des Nordens«, eine gewisse Selbstgefälligkeit der Leute aus den alten Þingeyjar-Bezirken ist geradezu sprichwörtlich, und die Bauern aus dem Skagafjörður lassen sich gern als die mit Abstand besten Pferdezüchter des Landes ansprechen. Diesen Ruf verdanken sie teils auch dem glücklichen Umstand, dass ihre Herden von dem gewaltigen Vulkanausbruch in der Laki-Spalte 1783 noch am ehesten verschont blieben und man in den anderen Landesteilen nach der Katastrophe zum Aufbau neuer Bestände auf Zuchthengste aus dem Skagaf-

Der isländische Bibelübersetzer im Glasfenster der Kirche von Akureyri (oben). – Letzte Kirche vor dem Eismeer: Raufarhöfn, Nordostisland (Mitte). – Portal zu Islands zweitem Bischofssitz, Hólar (rechts). Rechte Seite: Sommer in Nordisland. Bei Dalvík am Eyjafjörður.

jörður zurückgreifen musste. In ihrem Wappen aber führt die Gegend kein Pferd, sondern Schwert und Bischofsstab, um an ihre wichtige Rolle in der Geschichte des Landes sowohl als Heimat bedeutender weltlicher Anführer wie als Sitz des zweiten isländischen Bistums in Hólar und nicht zuletzt als Schauplatz der größten Schlacht, die je in Island geschlagen wurde (1238 bei Örlygsstaðir), zu erinnern. Vier Jahre später fochten die gleichen Bauern das einzige Seegefecht in der isländischen Geschichte auf dem Húnaflói aus.

Diese weite Meeresbucht bildet mit ihrem tief ins Land hineinreichenden Ausläufer im Hrútafjörður seit alters her die Grenze zwischen dem westlichen und dem nördlichen Landesviertel. Wer aus der offenen Landschaft des Breiðafjörður kommend der Nationalstraße 1 folgt (die meist »Ringstraße« genannt wird, weil sie einmal rund um die Insel führt), merkt schon bei der Einfahrt in das allmählich sich verengende und aufwärts führende Tal der Norðurá, dass nun etwas anderes kommt. Bald werden die üblichen Begrenzungspfähle neben der Fahrbahn von zwei Meter hohen Stangen abgelöst,

die auch noch aus höheren Schneeverwehungen herausragen. Es gibt seitlich höher liegende Ausweichpassagen, die als »Winterweg« (vetrarvegur) ausgeschildert sind, und oben auf der Passhöhe steht eine orange gestrichene Schutzhütte für in Not geratene Wanderer oder Autofahrer. Heute hat man diese Hochheide mit dem Wagen meist in 20 Minuten hinter sich gebracht, doch ich habe an ihrem Fuß am Nordabhang auch schon einmal fünf Tage bei Schneesturm in einem Bauernhof festgesessen. Da in Island vorwiegend südwestliche Winde feuchte Luft vom Atlantik bringen, die sich an den Westhängen abregnet, hat der Norden im langjährigen Mittel mehr Sonnenschein und trockeneres Wetter als der Süden und der Westen. Doch wehe, im Winter rast ein Blizzard aus dem nördlichen Eismeer auf die Küste zu! Dann strecken ihm die Fjorde im Nordland ihre Arme offen entgegen und wirken in ihren schmaler zulaufenden Enden wie windverstärkende Düsen. So kann es binnen Stunden geschehen, dass die Einwohner von Hvammstangi oder Siglufjörður ihre zugeschneiten Häuser nur noch durch Fenster im Obergeschoss verlassen können.

Kein übertriebenes Gedränge: In der Fußgängerzone von Akureyri (rechts) und auf der Fossheiði im Nordosten (Mitte). Islandpferde sind dagegen sehr gesellige Wesen (unten).

Das westliche Nordland gehört nicht zu den ganz spektakulären isländischen Landschaften, und die meisten von Reykjavík in den Norden Reisenden durchqueren es mehr oder weniger zügig auf ihrem Weg zu den drei großen und bedeutendsten Fjorden an der Nordküste: Skagafjörður, Eyjafjörður und Skjálfandi mit Húsavík, der Whale-Watching-Hauptstadt Islands. Der Norden ist ausgesprochen gebirgig und lässt nicht überall Raum für menschliche Besiedlung. Das Land zwischen Skaga- und Eyjafjörður beispielsweise trägt die treffende Bezeichnung Tröllaskagi, Troll- oder Riesenhalbinsel, weil auf ihr ein Bergstock neben dem anderen fast von Meereshöhe bis in über 1500 Meter Höhe aufragt. Das ganze Gebiet schichtete sich im Tertiär zu einem gewaltigen Basaltplateau auf, in das die Gletscher und Gletscherströme der Eiszeit wie mit Riesenhand enge und tiefe Täler frästen und wuschen, die sich schließlich zu Fjorden weiteten. Und nur in ihnen findet sich im Gegensatz zu den engen Gebirgstälern genügend Unterland für eine nennenswerte Besiedlung.

»Akureyri« bedeutet nichts anderes als Ackerlandzunge, und tatsächlich wurde – und wird wieder – auf den fruchtbaren Grünflächen im Inselfjord Ackerbau betrieben. Bewässert werden die Flächen durch zahlreiche wasserreiche Flüsse, in denen die Niederschläge von den Bergen und alles Schmelzwasser von den Nordseiten der

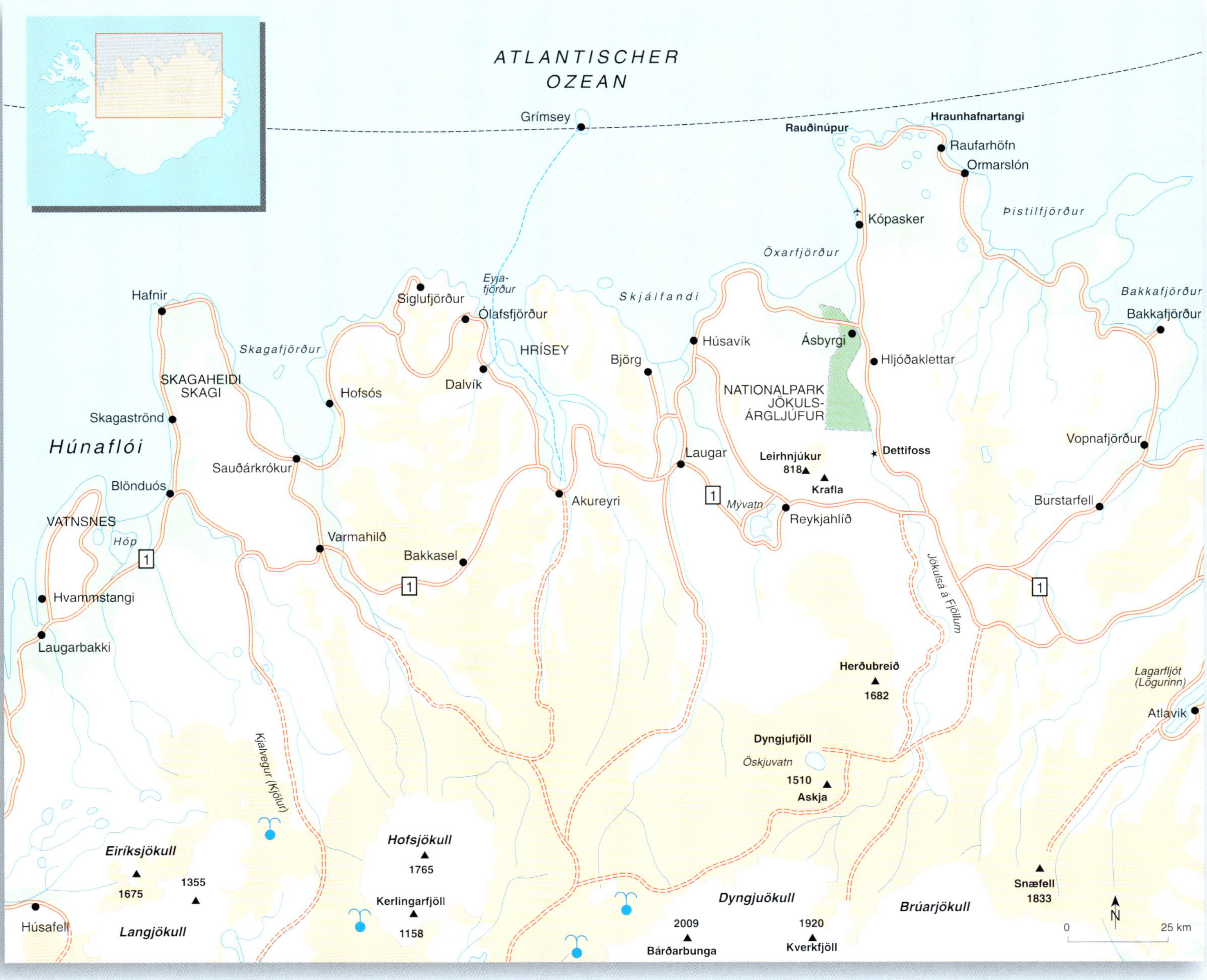

ATLANTISCHER
OZEAN

Grímsey

Hraunhafnartangi
Rauðinúpur
Raufarhöfn
Ormarslón

Kópasker

Þistilfjörður

Öxarfjörður

Hafnir

Siglufjörður
Ólafsfjörður

Skjáifandi

Bakkafjörður
Bakkafjörður

Skagafjörður

Eyja-
fjörður

HRÍSEY

Húsavík
Ásbyrgi
Hljóðaklettar

SKAGAHEIDI
SKAGI

Hofsós

Dalvík

Björg

Vopnafjörður

Skagaströnd

NATIONALPARK
JÖKULS-
ÁRGLJUFUR

Húnaflói

Laugar
Leirhnjúkur
818▲
▲ Krafla

Dettifoss

Burstarfell

Sauðárkrókur

Akureyri

Myvatn

Reykjahlíð

Blönduós

1

VATNSNES

Varmahilð

Bakkasel

Jökulsá á Fjöllum

1

Hóp

1

Hvammstangi

1

Lagarfljót
(Lögurinn)

Laugarbakki

Herðubreið
▲
1682

Atlavik

Kjalvegur (Kjölur)

Dyngjufjöll

Öskjuvatn
1510 ▲
Askja

Eiríksjökull
▲

Hofsjökull
1765

Snæfell
▲
1833

N

1675

1355
▲

Kerlingarfjöll

Dyngjuökull

Brúarjökull

0   25 km

Langjökull

1158

2009
Bárðarbunga

1920
Kverkfjöll

Húsafell

Das Krafla-Kraftwerk im
vulkanischen Mývatn-Gebiet ist
das zweitgrößte in Island.
Die Erdwärme wird in Island
nicht nur zu Heizzwecken,
sondern (mittels Wasserdampf
und Turbinen) auch zur
Stromerzeugung eingesetzt.

großen Gletscher im Hochland zusammenströmen. Im großen Einzugsgebiet der Blandá etwa mischen sich die Wasser von Lang- und Hofsjökull, ehe sie nach 120 Kilometern in den Húnaflói münden. Unterwegs staut man das Wasser und leitet es über einen 1300 Meter langen Zulauftunnel in 200 Metern Tiefe über die Turbinen eines 1990 in Dienst gestellten Wasserkraftwerks. Den breiten Skagafjörður, der nach unseren Vorstellungen eher einer großen Meeresbucht als einem Fjord ähnelt, durchströmen derart viele Wasserläufe, dass man ihre verschiedenen Arme einfach unter der Sammelbezeichnung Héraðsvötn, Bezirksgewässer, zusammenfasst. Kein Wunder, dass sich auf seinen weiten und üppig grünenden Weiden ein vorzügliches Pferdezuchtgebiet entwickelt hat.

Außer als Pferdenarren sind die Skagfirðingar in ganz Island auch noch als leidenschaftliche Sänger und vor allem als Stegreifdichter berühmt. Neben etlichen Kirchenchören und Gesangvereinen sind allein in diesem Fjord noch drei landesweit bekannte Chöre aktiv – bei weniger als 5000 Einwohnern im ganzen Bezirk. Auch Wettkämpfe in improvisierenden Stegreifreimen haben dort eine lange Tradition und werden jährlich abgehalten. In einer Disziplin wird ein Strophenanfang vom Veranstalter vorgegeben, den die Teilnehmer möglichst kreativ vollenden sollen, in einer anderen sind aktuelle und gänzlich unpoetische Themen wie zum Beispiel die Vogelgrippe möglichst kunstvoll in Reime zu fassen. In einem dritten Wettbewerb dürfen sich die Kombattanten schließlich zur Gaudi der Zuhörer im

direkten Hin und Her in spontan improvisierten Spottgedichten gegenseitig durch den Kakao ziehen. Das Bezirksarchiv hat inzwischen über 17 000 Strophen von mehr als 1400 Gelegenheitsdichtern ins Netz gestellt.

»Lieblinge der Nation«

Aus dem Skagafjörður führt die Ringstraße durch das enge und von steilen Bergwänden eingeschlossene Öxnadalur in den Eyjafjörður. Dort, wo sich das Tal hinter der Passhöhe erstmals wieder weitet, steht ein kleines, nahezu unscheinbares nationales Monument, der Hof Hraun, zu Deutsch Lava. Am Fuß der eindrucksvollen, über 1000

Linke Seite: Landwirtschaft an Pseudokratern. Heumahd am Mývatn (oben und unten).
Ein (selten) windstiller Sommerabend am Mückensee mit blühender Engelwurz (oben).
Eine der ältesten erhaltenen Kirchen des Landes: Gröf am Skagafjörður (links).

Islands Norden ist oft schnee-reicher als der Süden. (oben und rechte Seite oben). – Heute ein Museum: Der Hof Glaumbær im Skagafjörður mit Torfwänden aus dem 18. Jahrhundert, die keine weit gespannten Dächer erlaubten; daher die Bauweise mit vielen kleinen Giebelhäusern. Holz-fassaden waren ein Zeichen von Wohlstand (rechts und rechte Seite unten).

Meter hohen Felsnadeln der Hraundrangar wurde dort am 16. November 1807 als Sohn eines armen Landpfarrers Islands Nationaldichter Jónas Hallgrímsson geboren. Über die Lateinschule in Bessastaðir kam er zum Studium nach Kopenhagen. Mit der Gründung der »Jahresschrift für Isländer«, *Fjölnir* (1835), seinen darin abgedruckten nationalromantischen Gedichten, Übersetzungen von Heinrich Heine und anderen und mit der ersten modernen Prosaerzählung (»Auf der Moossuche«) brachte er von dort die Romantik nach Island und mit ihr eine umstürzende Erneuerung der isländischen Literatur zuwege. 1845 ist er (wie so viele genialische Künstler) mit erst 37 Jahren in Kopenhagen gestorben. Halldór Laxness hat das, was seine Landsleute für Jónas' sterbliche Überreste halten sollten, in seinem

Roman »Atomstation« 100 Jahre später zumindest fiktiv und in einem betrügerischen Staatsakt nach Island heimgeholt: »Dieser Lehm, der vielleicht das Mark der Gebeine unseres Freiheitshelden und großen Dichters in sich birgt, ist für mich ein heiliges Wahrzeichen«, lässt er den Pfarrer Trausti sagen. »Hinfort gilt es als isländischer Glaubenssatz, dass der Liebling der Nation wieder in seine Heimat zurückgekehrt ist.«

Nicht wieder in seine Heimat zurückgekehrt ist der im Ausland bekannteste Schriftsteller aus Akureyri, Nonni Svensson, der in Deutschland begraben liegt (siehe Seite 36). Heute steht er in Hut, Gehrock und Mantel in Bronze vor dem kleinen Holzhaus seiner Kindheit und blickt auf den Teich davor und den Fjord hinaus.

Fortsetzung Seite 108

Tanzende Heiligtümer

Die Islandpferde

Nach der Sommersaison erhalten viele Pferde »Urlaub« im Hochland. Wenn der erste Schnee fällt, werden sie in große Sammelpferche zusammengetrieben und jeder Besitzer sucht sich seine Tiere aus der Herde heraus. Hier ein Herbstabtrieb am Laufskálarrétt bei Hólar.

Seite 106/107:
Die Pseudokrater von Mývatn, dem Mückensee im Nordosten sind durch eine Dampfexplosion über einem Lavastrom entstanden.

Ein wie gut geschnitztes Geschöpf ist doch das Pferd! – Sieh dir den Huf an, in dem alle Finger der Welt sich vereinen: Klaue und Kralle, Hand und Patsche, Tatze und Flosse, Finne und Flügel. Sicherlich deshalb, weil das Pferd etwas so Vollkommenes ist, hängt sein Wahrzeichen, das Hufeisen, bei uns über allen Türen ... das Gegenstück zum Kreuzeszeichen.«

In diese Worte fasste Halldór Laxness die Verehrung, die seine Landsleute dem Islandpferd entgegenbringen. Als ihre Vorfahren es im 9./10. Jahrhundert mit in das neu entdeckte Land nahmen, war es das gewöhnliche Reitpferd Nord- und Osteuropas. Heute ist es eine eigene und gänzlich einzigartige Rasse, denn bereits auf der ersten

Zusammenkunft des Althings im Jahr 930 fassten die Isländer einen Beschluss, der die weitere Einfuhr von Pferden unter Strafe stellte. So gilt das Islandpferd seit mehr als 900 Jahren als reinrassig. Und bis heute, wo es längst seinen Siegeszug als Freizeitpferd um die Welt angetreten hat, ist sogar der Re-Import einmal zu Weltmeisterschaften im Ausland mitgenommener Qualitätspferde nach wie vor verboten.

Das Klima – viele Pferde in Island sehen auch heute noch selbst in den strengen Wintern kaum einmal einen Stall von innen. Und die höchsten Anforderungen, die Natur und Gelände an sie stellen, hat aus den Islandpferden eine dem Stockmaß nach zwar relativ klein gebliebene, aber dabei unge-

mein kräftige, zähe und zuverlässige Pferderasse mit einem sehr ausgeglichenen und unerschrockenen Charakter bei oft ausgeprägtem Temperament gemacht.

Isländer unterscheiden mehr als ein Dutzend Hauptfarben, zwi-

schen denen alle möglichen Übergänge, Äpfelungen, Falben, Isabellen, Mehrfarbigkeiten und gescheckte Kombinationen in über sage und schreibe 400 Varianten vorkommen. Außerdem zeichnen sich Islandpferde weiterhin dadurch aus, dass sie zwei Gangarten, die bei Pferderassen auf dem Kontinent im Lauf der Zeit verkümmert sind, noch immer perfekt beherrschen. Zum einen den bei unseren mittelalterlichen »Zeltern« noch vorhandenen Tölt, eine schnelle, sehr angenehm zu sitzende Schrittgangart, und zum anderen den Pass, bei dem jeweils die Beine einer Körperseite parallel auffußen.

Für die Erschließung und Besiedlung der Insel war das Pferd dem Menschen ein unentbehrlicher Begleiter. In heidnischer Zeit brachte man ihm sogar kultische Verehrung entgegen. Odin und wohl auch dem Fruchtbarkeitsgott Freyr wurden Pferde geopfert, weshalb christliche Missionare so sehr gegen den Verzehr von Pferdefleisch eiferten. Im Alltag kam das Pferd als Reit-, Nutz- und Lasttier in härtesten Bedingungen zum Einsatz. In dem unwegsamen Land fast ohne feste Straßen und Brücken wurden in früheren Zeiten kaum Karren oder Kutschen eingesetzt. Pferde bekamen die gesamte Heuernte aufgepackt, sie wurden an Schweif und Kopf zu sogenannten »Lastzügen« zusammengebunden und mussten schwer beladen reißende Flüsse durchschwimmen, durch spitzes Lavageröll und über Gletschereis balancieren. All das hat die Islandpferde mit einer schier unglaublichen Trittsicherheit im Gelände ausgestattet. Außerdem schätzen die Isländer an ihren Pferden besonders deren »Willigkeit«. Der Dichter Einar Benediktsson jubelte 1897 über sein vierbeinig »tanzendes Heiligtum«: »Es ist Sturm und Freiheit im Wallen der Mähne, die von der Brust wirft das Joch des Tages ... Das Pferd, des Schöpfers Meisterwerk, ist Kraft, gegossen in Fleisch und Blut ... Jeden Tropfen Freude zur Neige trinkt, wer tänzelnd auf Pferdebeinen über die Erde springt.«

Das Gebiet um den Mývatn ist im Winter oft die kälteste bewohnte Gegend Islands. Eis und Schnee auf der noch warmen Lava am Leirhnjúkur (oben). – Da trägt auch die Bademeisterin lieber einen Thermooverall (rechts). – Das Wasser aber hat immer Badetemperatur (rechte Seite unten). Die Kirche von Akureyri wurde 1940 eingeweiht (rechte Seite oben).

Da Akureyri über eine so geschützte Lage an einem tiefen Fjord verfügt, der früher auch ohne große Kaianlagen das Anlegen von Schiffen erlaubte, wurde es bei der Reorganisation des Landes Ende des 18. Jahrhunderts von den Dänen zum Hafenort mit Kaufmanns- und Handwerkersiedlung ausgebaut und bildet mit seinen knapp 17 000 Einwohnern heute die größte Stadtsiedlung außerhalb des Großraums um Reykjavík. Dieser Bedeutung ist es wohl auch zu verdanken, dass es noch mindestens zwei weitere Schriftsteller hervorgebracht hat, die für die isländische Literatur von größerer Bedeutung sind als der Autor der »Nonni«-Bücher. Matthías Jochumsson (1835–1920) war Pfarrer in Akureyri und dichtete unter anderem den Text der Nationalhymne, aber auch viele andere äußerst beliebte

Gedichte, die ihm als erstem Isländer eine staatliche Ehrenrente eintrugen. Der zweite zu Nennende ist der Dichter Davíð Stephansson, der zeit seines Lebens (1895–1964) in Akureyri wohnte. Die Gefühle, denen er in seinen Gedichten Sprache verleiht, »gehen durch das Ohr direkt ins Herz«, schrieb Halldór Laxness über ihn.

Akureyris Geschichte beginnt ebenso wie die Reykjavíks und anderer Orte mit der frühesten Entdeckungszeit. Der erste Landnehmer war allerdings nicht gänzlich norwegischer Abstammung: Seine Mutter Rafarta war den Quellen zufolge eine irische Prinzessin. Als sie ihren Sohn einmal bei seinen Zieheltern auf den Britischen Inseln besuchte, fand sie ihn bei so schmaler Kost gehalten, dass sie ihn fortan *Helgi magri* nannte, den Mageren. In diesem Umfeld war Helgi

sicherlich mit dem Christentum in Berührung gekommen, vielleicht sogar getauft, als er nach Island segelte. Jedenfalls bezeichnet ihn das »Landnahmebuch« als »in Glaubensfragen sehr gemischt«. Seinen Hof, in dem von ihm und seiner Familie besiedelten Eyjafjörður, nannte er »Kristnes«. In wichtigen Fragen und kniffligen Situationen wie etwa auf See wandte sich Helgi jedoch lieber an Thor. Der zeigte ihm auch den Fjord, an dem er sich niederlassen sollte.

Die Dänen, die später Akureyri als Ortschaft gründeten, brachten ihm auch das Schönste, was es aufzuweisen hat, und damit meine ich nicht die sachliche graue Kirche aus dem Jahr 1940, die vielen als Wahrzeichen der Stadt gilt, sondern das Grün der vielen Bäume und Blumen. Im Juni 1899 reiste die 28-jährige Elise Margrethe Friis aus

Jütland zu ihrem Verlobten, dem dänischen Kaufmann Axel Schiöth, nach Island. »Die Hänge um Akureyri waren grün, aber ich vermisste doch die Gärten, Bäume und Blumen, die das lächelnde Dänemark mir geboten hatte«, schreibt sie in ihren Erinnerungen. Und schon bald pflanzte sie mit ihrer Schwiegermutter und zwei Nachbarsfrauen zum ersten Mal in Island Zierblumen an. 1910 gründeten die Frauen den anfangs belächelten Selbsthilfe- und Frauenverein »Lustgarten Akureyri«, zwei Jahre später eröffneten sie auf dem von der Gemeinde zur Verfügung gestellten Land den ersten und bis heute schönsten Botanischen Garten Islands. Bei Margrethe Schiöths Tod mit über 90 Jahren wuchsen dort 1962 bereits über 1000 einheimische und importierte Pflanzenarten. Mittlerweile sind es über 6000. Margrethes Vorbild machte Schule – und heute hebt sich Akureyri durch eine Vielzahl von mit bereits recht alten und hohen Bäumen bepflanzten Gärten wohltuend hervor. Hinter dem Bergrücken, der das Ostufer des Eyjafjörður flankiert, wird seit etlichen Jahren ein über 20 Quadratkilometer großes ehemaliges Waldgebiet wieder aufgeforstet und bildet ein beliebtes Naherholungsgebiet für die Akureyringar.

Östlich davon aber wird die Landschaft bald wieder sehr offen und sehr isländisch. Das wasserreiche Skjálfandafljót stürzt sich donnernd ebenso über die malerisch einwärts gebogenen Basaltklippen des Goðafoss hinab, wie ehemals wohl die heidnischen Götterbildnisse dort hinabfielen, als sie der am nahen Ljósavatn wohnende Priester Þorgeir zur Propagierung des Glaubenswechsels und um die Ohnmacht der alten Götter zu beweisen um das Jahr 1000 an diesem mächtigen Wasserfall in den Fluss schleuderte.

Þorgeir Tjörvason war um diese Zeit lang gedienter Gesetzessprecher auf dem Althing und galt als ausgesprochen kluger und besonnener Mann. Darum rief ihn auch die christliche Fraktion zum Schiedsrichter im Glaubensstreit an, obwohl er selbst noch Heide war, und Þorgeir wurde seinem Ruf durch einen salomonischen Spruch auch gerecht. Um eine Spaltung des Volkes zu verhindern, sollte nach außen hin in ganz Island fortan das Christentum als Staatsreligion gelten. So lange es keine Zeugen gab, durfte jedoch weiterhin jeder das den heidnischen Göttern geweihte Pferdefleisch essen und (mangels Verhütungsmitteln und Schwangerschaftsuntersuchungen) Neugeborene aussetzen, wie es der alte Glaube zuließ.

Ob der bereits erwähnte Stolz der Leute aus Þorgeirs Heimatregion, der Þingeyjasýsla, bis auf diese ebenso pragmatische wie klug ausgewogene Entscheidung zurückgeht, müssen wir dahingestellt lassen, jedenfalls berufen sie sich dafür auf jüngere Verdienste, die vor allem in den etwa ab 1880 erfolgten ersten Gründungen von genossenschaftlichen Selbsthilfeorganisationen und Bildungsvereinen isländischer Bauern sichtbar wurden. In eigenen Lesevereinen brachten sich die Bauern von Húsavík über Aðaldalur bis zum Mývatn damals auf die Höhe ihrer zeitgenössischen Literatur

und lernten fremde Sprachen wie Dänisch, Englisch oder Deutsch. Bezeichnend ist die Anekdote, der zufolge im Jahr 1924 ein neuer Pfarrer aus Reykjavík in der Gegend sein Amt antrat, bald darauf von seinem nächsten Nachbarbauern Besuch erhielt und dieser ihn bei der Gelegenheit fragte, ob der Herr Pastor zufällig das neue Werk dieses ansonsten noch nicht sonderlich bekannten Iren im Besitz habe, Odysseus solle es wohl heißen. Der »Ulysses« von James Joyce war erst zwei Jahre zuvor in Paris erschienen (und dürfte andernorts bis heute nicht bei vielen Bauern im Bücherregal stehen). Als ich selbst einmal in der Gegend auf einem Hof übernachtete und der Hausherr nach der dritten Tasse Kaffee nach einem neuen Konversationsthema suchte, fragte er mich unvermittelt: »Sag mal, wie sieht es eigentlich mittlerweile im Deutschen mit der Verwendung des Konjunktivs in der indirekten Rede aus?«

In dieser Gegend scheinen nicht nur die Menschen geistig besonders rege zu sein; auch die Erde ist in Bewegung. Die durch Island verlaufende Bruchzone des Atlantischen Rückens schwenkt unter dem Eis des Vatnajökull nach Nordnordost und hat im Nordosten der Insel überall deutlich sichtbare Zeichen ihrer aktiven Präsenz gesetzt: Von den im Nordsaum des Gletschers noch brodelnden Vulkanen der Kverkfjöll, die eindrucksvolle Höhlen ins Eis geschmolzen haben,

Der Hafen von Húsavík an einem stillen Wintertag (oben). Linke Seite: Húsavík im Nordosten hat sich zum Zentrum der Walbeobachtung in Island entwickelt. Man begibt sich dazu unter Segel oder per Motorboot auf hohe See. Reste einer ehemaligen Trankocherei in den Westfjorden (rechts oben).

über die Askja mit ihrem 200 Meter tiefen Kratersee und dem 1875 explodierten Sprengkrater Víti, »Hölle«, bis zum Tafelvulkan Her∂ubrei∂ und dem hoch aktiven Vulkan Krafla am Mývatn oder den Spaltenschwärmen am Öxartjör∂ur.

Auf das dezentere Rumpeln im Untergrund achten die dort lebenden Menschen aufgrund der zahllosen Erdbeben schon kaum mehr, doch in den 70er-Jahren des letzten Jahrhunderts kam es zu stärkerer tektonischer Aktivität und etliche heftige Beben veränderten plötzlich das Aussehen der Landschaft mit neu sich öffnenden Spalten oder solchen, die auf einmal voll Wasser liefen und gänzlich neue Seen bildeten.

Die zweite landschaftsgestaltende Kraft dieser Gegend ist Islands zweitlängster Fluss, die Jökulsá á Fjöllum, auf Deutsch der Gletscherfluss aus den Bergen. Sie hat den ehemals viel weiter ins Land reichenden Fjord seit der Eiszeit mit Schwemmsand aus dem Hochland aufgefüllt und vor allem hat sie seitdem in verheerenden Gletscher-

Mývatn

Das Gebiet um den nur fünf Meter tiefen, aber 37 Quadratkilometer großen Mückensee ist so etwas wie eine aktive und fast enzyklopädische Vulkanschau auf kleinstem Raum. Um den See lagern sich Schild- und Tafelvulkane, Kraterreihen, Explosionskrater, Pseudokrater und Sekundärerscheinungen wie das Solfatarenfeld bei Námaskar∂ mit seinen pfeifenden Dampfaustritten und brodelnden Schlammtöpfen. Schon im 17. Jahrhundert baute man dort den ausgefällten Schwefel ab und verschiffte ihn von Húsavík nach Dänemark. Seit 1967 baggerte man stattdessen die Bodenschicht abgestorbener Kieselalgen aus dem See, bis die mit Einsatz geothermischen Dampfs betriebene Kieselgurproduktion 2004 zum Schutz der Wasservögel eingestellt wurde. Durch das myriadenfache Vorkommen der Zuck- und Kriebelmücken, denen er seinen Namen verdankt, ist der Mývatn eines der größten Vogelparadiese der Insel. Dort brüten sämtliche in Island vorkommenden Wasservogelarten.

Die Solfataren am Mývatn zischen ihre Schwefeldämpfe auch in den kalten Winterhimmel (ganz oben). – An unscheinbaren Rissen schlägt sich austretender Schwefel nieder (oben). Rechte Seite: Námaskar∂. Heißer Dampf im Gegenlicht der Wintersonne.

läufen das Land überflutet und Schluchten hineingegraben, gegen die der beeindruckende Canyon der Jökulsárgljúfur mit Europas mächtigstem Wasserfall, dem 45 Meter hohen und 100 Meter breiten Dettifoss, nur ein Kinderspiel ist. Vor 2800 Jahren donnerte die Jökulsá bei einem Gletscherlauf noch mit 200 000 Kubikmetern Wasser in der Sekunde über die etwa 100 Meter hohe Kante der hufeisenförmigen Schlucht Ásbyrgi herab. Dann änderte sie durch Vulkanausbrüche wiederholt ihren Lauf, und als die ersten Menschen kamen, erklärten sie sich das markante Halbrund der inzwischen trockenen Schlucht als Hufabdruck vom Pferd ihres Gottes Odin.

Die mythische Interpretation solcher Naturphänomene in vorwissenschaftlicher Zeit kann nirgends sinnvoller oder einleuchtender erscheinen als in dieser Landschaft, die von jedes menschlichen Fassungsvermögen übersteigenden Kräften geschaffen sein muss: Endlos weite, wüste Aschefelder, die von unglaublichen Feuersbrünsten stammen müssen, übergangslos aus ihren Ebenen aufragende Berge mit unzugänglich steilen Flanken, tiefe Schluchten, Spalten, Risse – dieser unermesslich weite Nordosten Islands ist auf seine Weise ebenso ein Land der Riesen und Götter, diesen beiden ewig miteinander ringenden Geschlechtern des Mythos, wie der Süden, wo Feuer und Eis so unmittelbar aufeinandertreffen.

Leif Eriksson war nicht der Einzige

Isländer segelten im Mittelalter häufiger nach Amerika

1 *Das Deck eines Wikingerschiffs.*
2 *Denkmal für Guðriður þórbjarnardóttir, die erste Europäerin, die in Amerika ein Kind zur Welt brachte.*
3 *Leif Eriksson »der Glückliche« entdeckt Amerika.*
4 *»Nachfahren« der Wikinger in Nordamerika.*

Seite 116/117:
Um den Leirhnjúkur ist die Lava vom Ausbruch 1984 noch nicht vollständig erkaltet.

Auch wenn US-Präsident Johnson bereits 1964 den 9. Oktober in den Vereinigten Staaten zum »Leif Eriksson Day« erklärte, hat es lange gedauert, bis die Weltöffentlichkeit akzeptierte, dass nicht Kolumbus der erste europäische Entdecker Amerikas war.

Doch die Archäologie hat schlüssige Beweise dafür vorgelegt, dass europäische Nordleute bereits um das Jahr 1000 für einige Jahre an der Nordspitze Neufundlands wohnten. Dass die Häuserreste dort auf die Vínland-Entdecker Bjarni Herjólfsson, Leifur Eiríksson und ihre Nachfahren aus den isländischen Sagas zurückgehen, ist plausibel, aber kaum definitiv zu beweisen. Die Anhänger des Genuesen führen dagegen ins Feld, dass erst Christopher Kolumbus Amerika wirklich ins Blickfeld der Alten Welt gerückt und damit Weltgeschichte geschrieben habe, während der Aufenthalt der Wikinger lediglich eine folgenlose Episode gewesen sei.

Abgesehen davon, dass sich Kolumbus nach eigener Aussage im Jahr 1477 in Island aufgehalten hat, wo er einiges über ein fernes Land im Westen jenseits des Ozeans lernen konnte, erfährt man aus zeitgenössischen isländischen Quellen, dass die Amerikafahrten der Isländer so episodisch gar nicht gewesen sind.

Allein die isländische »Grönländer Saga«, die Hauptquelle für diese frühen Entdeckungen, schildert fünf Vínlandreisen. Die letzte unternahm Leif Erikssons Schwester Freydís etwa um das Jahr 1012/13.

Gut 100 Jahre später halten isländische Annalen fest, der aus Island stammende erste Bischof Grönlands, Eiríkur Gnúpsson, habe 1121 eine Missionsreise nach Vínland unternommen. In dem mit ihm sicher bekannten Bischof Þorlákur Rúnolfsson besaß Bischof Eiríkur im isländischen Skálholt einen Amtsbruder, bei dem es sich um einen Enkel des ersten in Amerika geborenen Europäers handelte, Snorri, den Sohn von Guðríður

und Þorfinnur Karlsefni. Bischof Þorlákur kannte ebenfalls den Historiker Ari Þorgilsson, der die »Íslendingabók« schrieb, in der er Vínland mehrfach erwähnte. Wen wollte Bischof Eiríkur in Vínland missionieren? Die Skrælingjar, Feiglinge, genannten Ein-

geborenen, die früher bei einem Überfall angeblich vor dem Muhen der ihnen unbekannten Kühe Reißaus genommen hatten? Oder gab es um diese Zeit etwa immer noch eine von Nordleuten bewohnte Ansiedlung in Nordamerika?

Das nördlich von Vínland (Weinland) liegende Markland bedeutet Waldland, und wenn etwas in Grönland und Island damals Mangelware war, dann Bäume. Zumindest erwähnen die isländischen Annalen Schiffe, die mit Holz oder Holzkohle von Westen zurückgekehrt seien. Sie können solche Ladung nur in Amerika geholt haben.

Zum Jahr 1285 vermelden die Annalen: »Land westlich von Island gefunden.« Bedeutsamer ist der Eintrag in den Skálholter Annalen zum Jahr 1347. Da heißt es, ein Schiff aus Grönland sei im Westen Islands angetrieben worden, das zuvor in Markland gewesen sei.

Um 1350 ist die Westsiedlung der weißen Grönländer nach wiederholten Angriffen der Inuit endgültig untergegangen. Damit verschwand die Landbasis für die von den Nordleuten unternommenen Jagd- und Fangfahrten nördlich des 70. Breitengrads und ebenso für ihre Vínlandreisen. Schiffsverkehr mit der verbliebenen Ostsiedlung in Grönland ist in Island noch für weitere 100 Jahre belegt, ehe die letzten weißen Grönländer von Inuit, von englischen Fischern oder baskischen Walfängern erschlagen wurden. Zuvor aber belegen isländische Schriftquellen Schiffsreisen von Island nach Amerika über einen Zeitraum von rund 360 Jahren.

Islands
abgewandte Seite

Der Osten

Juni 1262: In einem förmlichen Akt erkennen die Isländer auf dem Althing König Hákon von Norwegen als ihren gekrönten König an und geloben, ihm gegen gewisse vertragliche Zusicherungen fortan Steuern und Dienste gemäß ihren Gesetzen zu leisten. Dieser »Alte Vertrag« (*Gamli sáttmáli*) gilt als die Unterwerfungsurkunde der Isländer, mit der sie notgedrungen ihren Freistaat und ihre Unabhängigkeit aufgaben. – 1264 leisteten auch die Bauern im Ostland den Eid auf diesen Vertrag.

Der Osten Islands, so lässt sich daraus wohl folgern, bewahrte seine Unabhängigkeit zwei Jahre länger als der Rest des Inselstaats. Auch wenn dieser Umstand eine in der Praxis nahezu bedeutungslose Fußnote der Geschichte darstellt, wirft er ein erstes Licht auf die Sonderstellung des östlichen Landesviertels. Aus den fast 40 Jahre dauernden Scharmützeln und Bürgerkriegen, nach einer der führenden Familien jener Epoche allgemein als »Sturlungenzeit« bezeichnet, hatte sich der Osten weitgehend heraushalten können.

Die Sonderstellung des Ostlands dürfte vor allem in seiner natürlichen Lage begründet sein. Bei einem bloßen Blick auf die Landkarte ist diese nicht ohne Weiteres auszumachen. Doch wie bereits angesprochen, breiten sich östlich von Húsavík und Mückensee große unwegsame Wüstengebiete aus Vulkanasche, Flugsand oder unfruchtbarem Lavageröll aus, die wie beispielsweise Grjót, Geröll, Mývatnsöræfi, Mückenseewüste, Dimmufjöll, Düstere Berge, Heljardalur, Höllental oder Ódáðahraun, die Übeltatenlava, ihre sprechenden Namen schon in früheren Zeiten erhielten. Auch wenn sich der Asphaltbelag auf der einzigen Straße durch diese Wüstenlandschaft immer weiter voranfrisst, wird selbst heute noch so manchem Rei-

Höfn – der einzige Hafen an der Südküste Islands (Mitte). – Aus der Lagune am Südrand des Vatnajökull treiben große und kleine Eisberge ins Meer (unten). Rechte Seite: Zahl und Form der Eisberge in der Gletscherlagune Jökulsárlón ändern sich täglich.

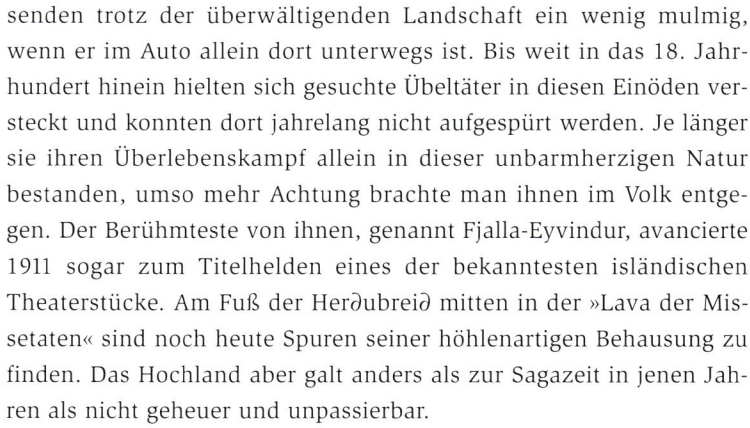

Svínafell, der einst größte Hof des isländischen Ostens, wurde 1362 von dem über ihm aufragenden Hvannadalshnúkur verwüstet (rechts). Im Frühjahr bricht die Eisdecke in den Ostfjorden auf (Mitte). Wasserfälle sind so zahlreich, dass man kaum noch bei jedem anhält (unten).

senden trotz der überwältigenden Landschaft ein wenig mulmig, wenn er im Auto allein dort unterwegs ist. Bis weit in das 18. Jahrhundert hinein hielten sich gesuchte Übeltäter in diesen Einöden versteckt und konnten dort jahrelang nicht aufgespürt werden. Je länger sie ihren Überlebenskampf allein in dieser unbarmherzigen Natur bestanden, umso mehr Achtung brachte man ihnen im Volk entgegen. Der Berühmteste von ihnen, genannt Fjalla-Eyvindur, avancierte 1911 sogar zum Titelhelden eines der bekanntesten isländischen Theaterstücke. Am Fuß der Herðubreið mitten in der »Lava der Missetaten« sind noch heute Spuren seiner höhlenartigen Behausung zu finden. Das Hochland aber galt anders als zur Sagazeit in jenen Jahren als nicht geheuer und unpassierbar.

Erst 1875 vollbrachte der Engländer William Lord Watts mit drei gletscherkundigen isländischen Begleitern die erste bekannte Überquerung des Vatnajökull. Selbst nach dem makellosen wie gnadenlosen Weiß des immensen Gletschers erschien ihm die raue Lavawüste des Ódáðahraun wie eine »wüsteste Wildnis aus vulkanischem Abschaum. Eine unirdische Trostlosigkeit, von der ich nie Ihresgleichen gesehen habe.« Es ist das Gelände, in dem die Apollo-Besatzungen der NASA ihre Mondspaziergänge übten. Abgesehen von Enthusiasten wie Watts und erfahrenen Gletscherwanderern mit Expeditionsausrüstung stellt der Vatnajökull mit seiner Ausdehnung, die in etwa der Korsikas entspricht, für die meisten Menschen natürlich eine unübersteigbare Barriere zwischen dem Osten und den übrigen Landesteilen dar. Ganz im Süden entlang der Küste haben seine unzähligen Schmelzwasserflüsse von jeher das Reisen äußerst nass und beschwerlich gemacht. Seit dem katastrophalen Ausbruch des Hvannadalshnúkur, mit derzeit 2110 Metern Islands höchstem Gipfel am Südrand des Vatnajökull, im Jahr 1362, galten die wenigen verbliebenen Einzelhöfe auf den riesigen schwarzen Sandern zwischen den Gletscherflüssen als die isoliertesten Höfe in besiedeltem Gebiet überhaupt. Lava, Asche und nachfolgende Gletscherläufe begruben eine blühende und für isländische Verhältnisse sogar relativ dicht besiedelte Gegend, die seitdem den Namen Öræfasveit, Wüstenlandstrich, trägt. Etwa zehn Kubikkilometer Asche und Bims trug der damals wehende Südostwind über die ganze Insel. Noch in den Westfjorden erfolgte dichter Ascheregen.

Da die Flüsse in dem ebenen Terrain der Südküste mit jedem Hochwasser ihren Lauf ändern können, galt es lange als unmöglich, diese Schwemmsandebenen jemals für einen regelmäßigen Verkehr überbrücken zu können. Allein der östlichste der Sander, der Skeiðarársandur, bedeckt eine Fläche von mehr als 1000 Quadratkilo-

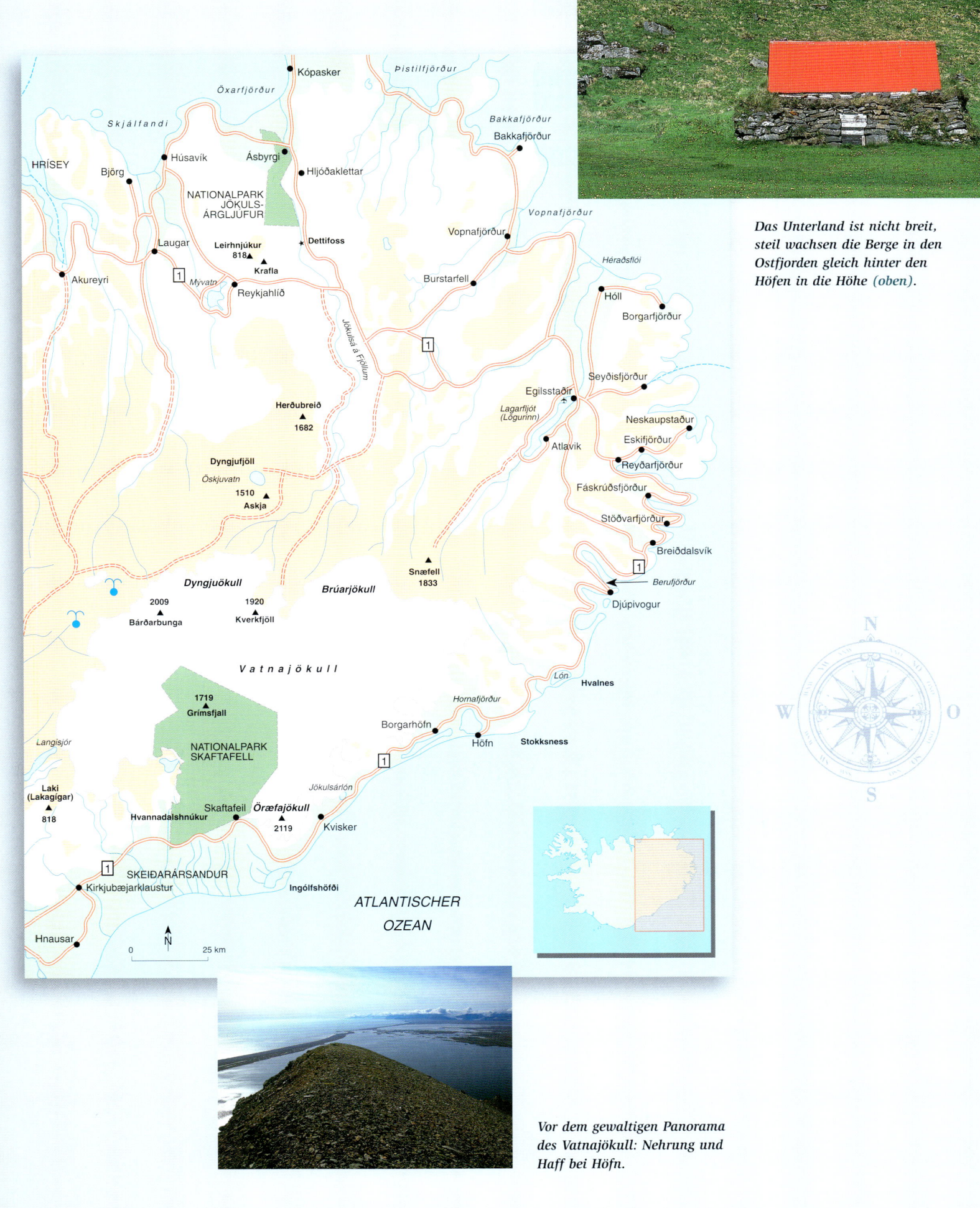

Das Unterland ist nicht breit, steil wachsen die Berge in den Ostfjorden gleich hinter den Höfen in die Höhe *(oben)*.

Vor dem gewaltigen Panorama des Vatnajökull: Nehrung und Haff bei Höfn.

Map labels

Kópasker
Öxarfjörður
Þistilfjörður
Skjálfandi
Bakkafjörður
Bakkafjörður
HRÍSEY
Björg
Húsavík
Ásbyrgi
Hljóðaklettar
Vopnafjörður
NATIONALPARK JÖKULS-ÁRGLJÚFUR
Vopnafjörður
Héraðsflói
Laugar
Leirhnjúkur 818
Dettifoss
Burstarfell
Hóll
Akureyri
Krafla
Borgarfjörður
1 Mývatn
Reykjahlíð
Seyðisfjörður
Egilsstaðir
Neskaupstaður
1
Lagarfljót (Lögurinn)
Eskifjörður
Herðubreið 1682
Atlavik
Reyðarfjörður
Fáskrúðsfjörður
Dyngjufjöll
Stöðvarfjörður
Öskjuvatn 1510
Askja
Breiðdalsvík
1
Berufjörður
Dyngjuökull
Brúarjökull
Snæfell 1833
Djúpivogur
2009
1920
Bárðarbunga
Kverkfjöll
Vatnajökull
Lón
Hvalnes
1719 Grímsfjall
Hornafjörður
Langisjór
NATIONALPARK SKAFTAFELL
Borgarhöfn
Höfn
Stokksness
Laki (Lakagígar) 818
Hvannadalshnúkur
Skaftafeil
Öræfajökull
Jökulsárlón
Kvisker
2119
1
SKEIÐARÁRSANDUR
Kirkjubæjarklaustur
Ingólfshöfði
ATLANTISCHER OZEAN
Hnausar
0   25 km
N

N
W   O
S

Vesturhorn, 800 Meter ragt dieser steile Zahn aus Urgestein an der Südostecke Islands über der Küste auf (oben). – Ein luftiger Speicher zum Trocknen von Fisch in der flachen Lagune bei Höfn (rechts).

Rechte Seite:
Von der Ostküste gut sichtbar: die Vogelinsel Papey (oben). – Auf Vogel-Exkursion auf Papey: Hier sind Papageitaucher, Enten- und Möwenarten zu entdecken (unten).

metern. Mit einer über 900 Meter langen Brücke über diverse Arme der Skeiðará wurde erst 1974 die letzte verbliebene Lücke in der Ringstraße geschlossen. Zuvor hatten die Bewohner der Öræfasveit jedes Mal um drei Viertel der Insel fahren müssen, wenn sie zum Einkaufen in die heute nur noch 350 Straßenkilometer entfernte Stadt wollten.

Ehe das Auto nach Island kam, waren die Bauern auf den Sandern dafür berühmt, spezielle »Wasserpferde« zu züchten, die keinerlei Scheu davor zeigten, hinter Fährkähnen oder auch mit Reitern auf ihren Rücken wieder und wieder durch die schlammgrau getrübten, wasserreichen und eiskalten Gletscherflüsse zu schwimmen. Sehr zu

Recht gilt in Island weniger der Hund als vielmehr das Pferd als der verlässlichste Gefährte des Menschen, ohne den die Besiedlung und Bewirtschaftung des Landes überhaupt unmöglich gewesen wäre. Und wer weiß, ob der Mensch nach zukünftigen Naturkatastrophen nicht wieder auf diesen treuen Freund zurückgreifen muss. Die Brücken über die Flüsse auf dem Sander existierten nämlich eines Novembermorgens vor zehn Jahren urplötzlich schon nicht mehr.

Das Ganze hatte einen Monat zuvor mit einer Vulkaneruption unter dem Eis tief im Zentrum des Vatnajökull begonnen. Austretende Gase und 1000 Grad heiße Lava schmolzen in rasender Geschwindigkeit Unmengen von Eis. In nur 30 Stunden durchbrach

die Hitze des Ausbruchs den bis zu 900 Meter dicken Eismantel an mehreren Stellen. Wasserdampfwolken und Aschesäulen stiegen aus dem Gletscher bis in fünf Kilometer Höhe auf. Es handelte sich um den viertgrößten Ausbruch des letzten Jahrhunderts in Island. Die eigentliche Bedrohung lauerte jedoch im subglazialen Kratersee der Grímsvötn. Da die vulkanische Hitze unter dem Vatnajökull nahezu beständig von unten Eis abschmilzt, füllt sich der Kratersee fortlaufend und, so haben frühere Messungen bewiesen, sobald er einen kritischen Wasserspiegel in 1430 Metern Höhe erreicht, läuft der See über. Dies erfolgt periodisch etwa alle sechs Jahre. Mitte Oktober 1996 aber erreichte das Wasser im See einen Pegel von über 1500

Metern. Das heißt, in dem mehr als zum Überlaufen gefüllten Kraterkessel befanden sich unter dem Eis etwa sechs Milliarden Kubikmeter Schmelzwasser.

Am Abend des 4. November ließ ihr Auftrieb die Eisbarriere, die sie bis dahin am Abfließen hinderte, aufschwimmen, die Wasserflut bahnt sich darunter hinweg ihren Weg zu Tal. Die Grímsvötn liegen etwa 50 Kilometer vom Gletscherrand entfernt, doch schon in aller Frühe am nächsten Morgen »explodierte« die Gletscherstirn unten an der Küste auf breiter Front. Das Wasser sprengte die massiven Eiswände einfach fort, und wo sie nicht schnell genug in sich zusammensanken und in bis zu 200 Tonnen schweren Blöcken forttrieben, schoss es in hohen Fontänen schwarz daraus empor. Die üblichen

Gletscherabflüsse liefen sogleich über, am Nachmittag »verflüssigte« sich der Gletscher auf einer Breite von etwa 20 Kilometern. Nahezu der gesamte Sander war auf einer Fläche von 750 Quadratkilometern eine einzige wirbelnde Wasserfläche. Die Abflussmenge erreichte einen Gipfel von 50 000 Kubikmetern pro Sekunde. Das Oderhochwasser des Jahres 1997, zum Vergleich, hatte einen Maximalabfluss von 3000 Kubikmetern pro Sekunde. Die Skeiðará war in diesen Stunden der nach dem Amazonas wasserreichste Fluss der Erde. Als die Flut 24 Stunden später nachließ, hatte sich die Küste vor ihrer Mündung um etwa 800 Meter ins Meer hinaus vorgeschoben. Man schätzt, dass das Wasser rund 180 Millionen Tonnen Sand und Geröll mit sich geschwemmt hatte. Von den Brücken der Ringstraße ragten

Fortsetzung Seite 131

Linke Seite: Zur Zeit der Wikinger existierte sie noch nicht, die von treibenden Eisschollen bedeckte Gletscherlagune Jökulsárlón.
Ob allein mit dem Kajak oder im Amphibienboot, das Eis auf der Lagune bietet vom Wasser aus immer wieder neue faszinierende Anblicke (oben und links).

Seite 126/127:
»Eisenten« in breiter Formation auf der nächtlich stillen Lagune.

Hochspannung gegen Hochland

Umstrittene Dammbauten

1

2

3

1 Lotrecht hat sich der Fluss in das weiche Tuffgestein gegraben. 2 Fast 200 Meter hoch wird der Damm am Kárahnjúkur bald die Schlucht der Jökla sperren. Meisterleistung der Technik und gefährliches Spiel mit den Kräften der Natur zugleich. 3 Während des Dammbaus wurde der Fluss durch einen eigens gegrabenen Tunnel unter dem Berg abgeleitet.

Nach der Antarktis und dem grönländischen Inlandeis ist der Vatnajökull die drittgrößte Gletschermasse der Erde. Entsprechend groß sind seine Schmelzwassermengen. Nach Norden fließen sie hauptsächlich in der Jökulsá á Fjöllum mit dem wasserreichsten Wasserfall Europas, dem Dettifoss, und der noch mehr Wasser führenden Jökulsá á Brú Richtung Meer, wo beide im Lauf von Jahrtausenden ganze Meeresbuchten aufgefüllt und das Land weit vorgeschoben haben. Allein die auch Jökla genannte Jökulsá á Brú führt pro Stunde 120 Tonnen Sand und Geröll mit sich, die sie aus ihrem Untergrund reißt. Einen in den 1930er-Jahren noch gut bekannten Wasserfall hat sie

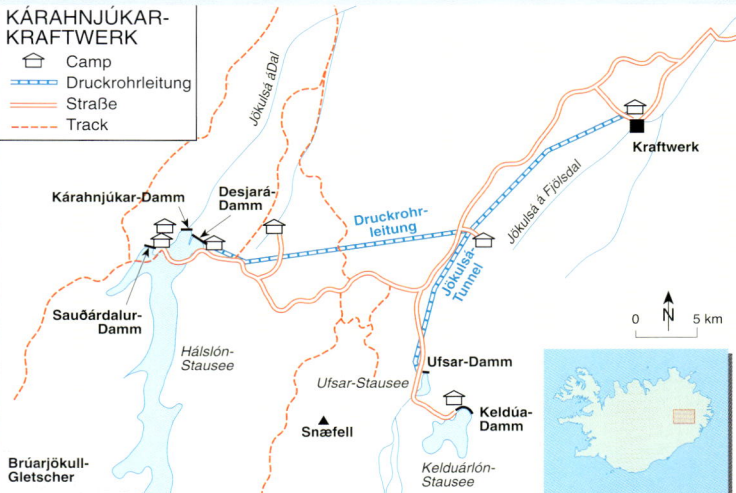

längst vollkommen eingeebnet. Die Energie ihrer Wassermassen schätzt man auf 4000 Gigawattstunden pro Jahr. Das entspricht etwa der Leistung allem bisher in Island aus Wasserkraft produzierten Stroms. Nicht überraschend, dass man seit Langem

darüber nachdachte, wie man dieses Potenzial der Jökla nutzen könnte.

Mitte der 1990er-Jahre rief der Erkundungsflug eines unbemannten Leichtflugzeugs mit einer Kamera eine kleine Sensation hervor. Es durchflog erst-

mals eine nur 100 Meter breite aber bis zu 200 Metern tiefe und acht Kilometer lange Schlucht, die die Jökla senkrecht in ihren Lavauntergrund gegraben hat. Während die einen über dieses bis dahin in seinen Dimensionen und seiner wilden Schönheit völlig unbekannte Naturwunder im menschenleeren Hochland staunten, erkannten andere gleich ihre Chance und die wirtschaftliche Nutzungsmöglichkeit: Wenn man diesen engen »Flaschenhals« verkorkte, erhielte man ein riesiges Wasserreservoir für die Stromgewinnung. Wegen des mitgeführten Schwemmmaterials kann man das Wasser der Jökla jedoch nicht unmittelbar über Turbinen leiten, sondern muss erst die Sedimente in einem Stausee sich

absetzen lassen. Darum entstanden Pläne, beträchtliche Teile der unberührten Landschaft am Nordrand des Vatnajökulls durch die Stauung der Jökla in solchen zusätzlichen Reservoiren zu versenken. Davon betroffen sind allerdings die seit 1975 unter Naturschutz stehenden einzigartigen Rückzugs- und Weidegebiete der isländischen Rentiere, ein wichtiges Brutgebiet der in Europa nur in Island brütenden Kurzschnabelgans, einige Dutzend Wasserfälle und ein altes Geothermalfeld mit warmen Quellen, insgesamt ein Einzugsgebiet von annähernd 1000 Quadratkilometern unberührter Natur.

Nur zu verständlich, dass Naturschützer gegen derartige Projekte Sturm liefen. Doch als sich der norwegische Energiekonzern

Norsk Hydro und nach dessen Rückzug die amerikanische Alcoa bereit erklärte, in den von Abwanderung geprägten Ostfjorden eine Aluminiumhütte zu errichten, wenn ihr der isländische Staat die Energie dazu günstig liefere, wurden die Pläne von der Regierung unter teils merkwürdigen Umständen durchs Parlament gepeitscht und spalteten in der Folge die gesamte Nation.

Im Winter 2003 begannen 1500 eingeflogene Wanderarbeiter aus 27 Nationen mit den Bauarbeiten. Im Jahr 2006 wurde der fast 200 Meter hohe und 700 Meter breite Damm und damit eines der größten Staudammprojekte der Welt vollendet. Doch Stolz auf diese Meisterleistung der Technik will bei den Isländern

nicht so recht aufkommen. Der Bau hat sie 1,3 Milliarden Euro oder ein Achtel ihres jährlichen Bruttoinlandsprodukts gekostet, denen lächerlich geringe Einkünfte aus dem Stromgeschäft mit Alcoa und nur wenige Hundert Industriearbeiterjobs entgegenstehen. Inzwischen tauchen auch von der Regierung zurückgehaltene Geologengutachten auf, die belegen, dass der Untergrund des Damms von Verwerfungen durchzogen und damit zu rechnen ist, dass allein das Gewicht des Wassers in den Stauseen Erdbeben auslösen könnte. Umweltgutachten gehen auch davon aus, dass sich das Meer, da der Schwemmmaterialeintrag der Jökla deutlich zurückgeht, allein in 100 Jahren um 200 Meter weit ins Land hineinfressen wird.

nur noch die Pfeiler und etliche abenteuerlich verdrehte und verbogene Stahlträger aus dem Schlamm. Menschen waren nicht zu Schaden gekommen.

Es ist einer der islandtypischen Kontraste, dass sich ausgerechnet inmitten dieser endlosen Weite aus schwarzem Sand und weißen Gletschern eine der grünsten Vegetationsoasen des ganzen Landes befindet. Im Rücken den Vatnajökull, seitlich den höchsten Berg und vor sich den offenen Ozean, genießt der Moränenrücken von Skafta-

fell durch den Flankenschutz etlicher Gletscherzungen und Talgletscher ein ganz besonderes Mikroklima, das ihm deutlich mehr Wärme und Sonnenscheinstunden beschert als dem Rest der Region. Der untere Hangbereich und der Bæjarstaðarskógur im nahen Morsárdalur sind mit dichtem und verhältnismäßig hohem Birkenwald, mit Weiden und Ebereschen bewachsen, der Waldboden ist im Sommer mit Waldstorchschnabel und anderen Blumen übersät. Überall duftet es nach wildem Thymian, hört man viele heimische Singvögel. Kein Wunder, dass man dieses bei gutem Wetter fast idyllische Biotop 1967 zum Nationalpark erklärte. Seit seiner letzten Erweiterung im Jahr 2004 ist er mit 4800 Quadratkilometern

Abtrag von Land allmählich an der bekanntesten aller Gletscherlagunen, dem Jökulsárlón, an. Ende des 19. Jahrhunderts war das Eis des seit der »Kleinen Eiszeit« vorrückenden Gletschers dort nur noch 250 Meter von der Küste entfernt. Erst seit etwa 1930 kann von einem wirklichen Schmelzwassersee die Rede sein. Da er jedoch bis zu 190 Meter tief ist, lagert sich das Schwemmmaterial des Gletschers an seinem Grund ab und gelangt nicht hinaus ins Meer, wo daher der Küstenabtrag durch Brandung und Strömung den Neueintrag so weit

der größte Europas und umfasst nun außer dem eigentlichen Skaftafell nahezu zwei Drittel des Vatnajökull sowie die einzigartige Kraterreihe der Lakagígar an seinem Westrand. Neueste Überlegungen der isländischen Regierung gehen dahin, das Nationalparkgebiet noch einmal nahezu zu verdoppeln und den gesamten Vatnajökull unter Schutz zu stellen.

In der anderen Richtung, nach Osten, ist das Vorland schmaler, stürzen die Talgletscher in steilen Eisbrüchen von den Bergen herab wie eingefrorene Wasserfälle oder sie kalben nahe der Küste in Gletscherlagunen, deren Ausflüsse ins Meer manchmal nur noch wenige Hundert Meter lang sind. Es trifft zwar zu, dass sich auch die isländischen Gletscher durch die zunehmende Erderwärmung zurückziehen, doch dadurch wachsen einerseits die Gletscherseen zu ihren Füßen und andererseits frisst sich das Meer mit seiner Brandung immer weiter in die weiche Schwemmsandküste hinein, trägt hier Sand ab und lagert ihn andernorts in Gestalt vorgelagerter Nehrungen wieder an. Dieses Spiel der Gezeiten lässt sich fast die gesamte Südostküste entlang von Ingólfshöfði bis zum Hamarsfjörður hinter der Insel Papey beobachten. Dramatische Formen nimmt der

Linke Seite: Húsey, einer der einsamsten Höfe Islands, auf dem schwarzen Sand der Nordostküste. Im Windschutz Ansätze zur Selbstversorgung. – Ein Robbenbaby als Haustier. Die Mutter dürfte dem Bauern ins Netz gegangen sein.

Nur eine Zunge des endlos die Südküste überragenden Vatnajökull (oben). Frei laufende Mutterschafe mit ihren Lämmern finden auch den letzten grünen Halm (unten).

überwiegt, dass die Küstenlinie in den letzten 80 Jahren um mehr als acht Meter pro Jahr zurückgewichen ist. Mittlerweile ist der Ausfluss aus dem See kaum mehr länger als 50 Meter und es scheint bloß noch eine Frage der Zeit, wann sich hier anstelle des Flusses eine Meeresbucht öffnen und die Straßenbrücke unterspülen wird. Über mögliche Alternativen, die Ringstraße um die Insel an dieser höchst prekären Stelle intakt zu halten, denken isländische Ingenieure bereits nach.

Bedroht das Meer diesen schmalen Küstenstreifen, indem es immer mehr Land abträgt, so gefährdet es menschliche Einrichtungen andernorts gerade dadurch, dass es die in seinen Strömungen mitgeführten Schwemmpartikel unermüdlich anspült und absetzt. Islands Südküste setzt sich als flache Untiefe noch weit ins Meer hinaus fort, sodass es auf ihrer gesamten Länge von über 400 Kilometern zwischen Þorlákshöfn im Westen, dem Fährhafen zu den Vestmannaeyjar, und Höfn im äußersten Südosten keinen Hafen gibt. Höfn aber, was nichts weiter als Hafen bedeutet, ist ständig davon bedroht, dass die ohnehin schon nur noch mit Speziallotsen zu befahrende Hafeneinfahrt ebenfalls verlandet. Abend für Abend, wenn die Kutter und Trawler ein- oder auf größere Fahrt ausgelaufen sind, sieht und hört man ein Baggerschiff Sand und Schlamm aus der schmalen Fahrrinne absaugen. Denn wenn sich die große Lagune, in

*Linke Seite: Auf ihrem Rückzug
lassen die Gletscher tonnenweise
Geröll und Sand zurück.
Lupinen, wie hier bei Svínafell,
besiedeln als Pionierpflanzen den
unfruchtbaren Boden* (unten).

der Höfn auf einer flachen Landzunge vor dem wunderbaren Panorama der vielen Berggipfel und Gletscherzungen des Vatnajökull liegt, vollständig schlösse, würde das Aus für die vor allem auf Hummerfang spezialisierten Fischer des kleinen, für den Osten jedoch wichtigen Umschlagplatzes bedeuten. Die Einwohnerzahl ist bereits seit Jahren leicht rückläufig.

Ein eher beschauliches Tempo prägt auch die anderen Ortschaften entlang der Ostküste, die hinter dem großen Haff zwischen den imposanten Zwillingshörnern Vestra- und Eystrahorn zu einer sehr ausgeprägten Fjordlandschaft wird. Im Herbst ist die ruhige Hafffläche des Lónsfjörður Sammelbecken für Tausende von Singschwänen, die den Sommer paarweise und mit ihrem Nachwuchs auf den Seen und Teichen im Hochland verbracht haben und sich nun hier an der nach Europa weisenden äußersten Südostspitze für den großen Zug in den Süden treffen.

Wo die natürlich günstigste Lage für die Abreise gegeben ist, kommt man umgekehrt vom Kontinent her auch am ehesten an Land. Darum wohl häufen sich in diesem Küstenabschnitt Ortsnamen wie Papey, Papós, Papafjörður, also Insel, Mündung und Fjord der Papar. Und unter diesen wiederum müssen wir uns wohl die irischen Mönche vorstellen, die sich sowohl isländischen wie irischen Quellen zufolge beim Eintreffen der ersten wikingischen Entdecker bereits in diesem Teil der Insel aufhielten. Mit einem nahezu unfasslichen Gottvertrauen waren sie in winzigen, lederbespannten Booten gut 1000 Kilometer über den Nordatlantik gefahren. Beim Auftauchen der Wikinger, die um diese Zeit in Irland ihre Klöster niederbrannten, muss sie dieses Gottvertrauen schlagartig verlassen haben. Unter Aufgabe ihrer nun gestörten Einsiedelei sollen sie Hals über Kopf von der Insel geflohen sein.

Ingólfur Arnarson war also doch nicht der Erste: und es spricht für die Zuverlässigkeit des Historikers Ari Þorgilsson, dass er diese Tatsache in seiner kurzen »Íslendingabók« nicht verschweigt, obwohl er die nordische Abstammung der ersten Siedler deutlich lieber hervorhebt als ihre irisch-britischen Wurzeln. Ein bis heute völlig ungelöstes Rätsel bilden vier römische Kupfermünzen, die 1905 und 1933 an der Südostküste Islands gefunden wurden, und die alle aus dem 3. Jahrhundert stammen! Für die späteren Landnehmer besaßen sie keinen Wert, denn die Wikinger waren an Gold- und Silbermünzen interessiert und nicht an Kupfer. Es lässt sich daher nicht die Hypothese ausräumen, ein Schiff der römischen Flotte könnte vielleicht irgendwann vor dem Abzug der Römer aus Britannien tatsächlich bis nach Island verschlagen worden sein.

Garantiert aus »isländischem Gestein gebrochen« (af íslensku bergi brotinn), wie ein gängiger Ausdruck für »echt isländische Abstammung« besagt, sind die vielen interessanten Mineralien, die sich im Geröllschutt und in den Bergen der Ostfjorde finden lassen. Berühmt sind die Fundorte von Helgustaðir im Reyðarfjörður, wo man im 17. Jahrhundert erstmals klare Doppelspat-Calcit-Kristalle fand, deren Besonderheit der doppelten Lichtbrechung der Däne Erasmus Bartholinus entdeckte und 1669 in seiner Schrift »De Crystallo Islandica« beschrieb. Berühmt sind auch die Zeolithe oder Siedesteine von Teigarhorn im Berufjörður. Achat, Jaspis und andere Chalzedone kommen mehrfach vor. Und all diese und viele weitere schöne Steine Islands kann man bei einer inzwischen landesweit bekannten und gleichwohl äußerst

bescheidenen und freundlichen älteren Dame mit dem ganz und gar unisländischen, doch absolut treffenden Namen Petra im Stöðvarfjörður besichtigen. Von Kindesbeinen an ist sie auf der Suche nach Drusen und seltenen Steinen durch die Berge in den Ostfjorden geklettert und tut es manchmal noch heute. »Wenn es lange her ist, dass ich das letzte Mal Steine suchen war, spüre ich so ein Ziehen in der Seele«, sagt sie versonnen. »Die Bäche führen eine Menge mit sich im Frühjahr«, doch mehr will sie nicht verraten. »Ich glaube, ich habe einfach ein Näschen für Berge mit guten Steinen.«

Seit dem 17. Jahrhundert, besonders aber in der Zeit von etwa 1850 bis zum Ersten Weltkrieg, kamen jährlich mehrere Tausend »Islandfischer« (Titel eines seinerzeit viel gelesenen Romans von Pierre Loti) aus Dünkirchen, Lorient und Paimpol zum Fang in isländische Gewässer. In den Ostfjorden errichtete Frankreich 1897 eine katholische Kirche und ein eigenes Hospital für sie im Fáskrúðsfjörður, wo man sich in jedem Spätwinter auf die Ankunft der Goélettes, der fremden Segelschiffe, freute und noch heute gern die isländisch-französische Freundschaft mit französischen Tagen feiert. So eintönig und isoliert, wie man sich das Leben in den stillen Ostfjorden in früheren Zeiten vorstellen mag, ist es durchaus nicht immer gewesen.

Gletscher im Nationalpark Skaftafell aus der Luft (oben und unten).
Rechte Seite: Zahllose, oft ihren Lauf ändernde Flussarme mussten auf den Sandern der Südküste für die Ringstraße überbrückt werden.

»Wie Reisig in der Kohlegrube«

Vulkanische Feuer, einst und bald

1 Urstromtäler für die Gletscherläufe (Þórsmörk).
2 Lava, Bims und Asche bedecken das Hochland um die Herðubreið.
3 Gasexplosionen wölben fließende Lava zu solchen Höhlen.
4 Zähflüssiges Magma erstarrt zu »Stricklava«.
5 Dieses Haus begrub die Lavawalze auf den Vestmannaeyjar nur zur Hälfte.
6 Vulkanasche eignet sich gut für den Straßenbau.

Seite 138/139:
Beim Hafen von Höfn am Hornfjord und Fuße des Vatnajökull liegt diese malerische Landschaft.

Am 8. Juni, dem Pfingstsonntag des Jahres 1783, stieg bei ruhigem und heiterem Wetter gegen neun Uhr morgens hinter den Bergen auf einmal ein schwarzer Sandnebel und Rauchpilz so schnell in die Höhe, dass er sich binnen kürzester Zeit über ganz Síða und Fljótshverfi so ausbreitete, dass es in den Häusern finster und im Freien dämmerig wurde. In Skaftártunga war durch die Nässe des schwarzen Nebels an diesem Tag der Staub, der dort niederfiel, schwärzlicher Schlamm wie Tinte ... Am 10. war es bedeckt mit saurem Niederschlag, der unerträglich in den Augen und auf bloßer Haut brannte... Am 16. Juni wälzte sich eine furchterregende Lavawand aus der Schlucht der Skaftá. Ich sah,

wie dunkelrotes Feuer noch weit östlich aus Löchern in der alten Lava in die Höhe schoss. Der neue Feuerstrom fraß sich mit großer Geschwindigkeit unter heißen Glutwinden und donnerndem Gekrache hindurch... Zuerst wölbte sich die Erde unter Ächzen und Stöhnen, dann barst sie auseinander. Es zerriss und zerstückelte sie, Feuer und Brand loderten aus jedem kleinsten Loch, Erde und Steine flogen mit lautem Knall und undurchdringlichem Rauch in die Luft. Flüsse verdampften oder wurden gestaut und überschwemmten die Höfe ... Am fünften Sonntag nach Trinitatis zog ich mit allen zur Kirche. Die Hitzeschleier von der Lava waren so dicht, dass sie nur durch starkes Flimmern zu sehen war.

Niemand ließ erkennen, dass er fliehen wolle, denn es war nirgend zu sehen, wo es noch sicher sein konnte.«

Mit diesen eindringlichen Worten beschrieb Pfarrer Jón Steingrímsson den größten nacheiszeitlichen Lavaausbruch auf dieser Erde, der 560 Quadratkilometer mit 15 Kubikkilometern Schlackenlava bedeckte und mit seiner Asche jahrelang das Klima der gesamten nördlichen Hemisphäre beeinflusste. In Island tötete er drei Viertel des Viehbestands und in der Folge durch Hunger und Mangel an die 10 000 Menschen, ein Fünftel aller Einwohner.

Ausbrüche vergleichbaren Ausmaßes haben sich sowohl in prähistorischer als auch in historischer Zeit in Island mehrfach

5

6

3

4

immer kürzeren Abständen 20 Ausbrüche, zuletzt etwa im Abstand von zehn Jahren.

Besondere Angst haben die Isländer derzeit jedoch vor der nach einem boshaften Weib aus einem Märchen benannten Katla (1450 m). Sie ist das Zentrum eines Vulkansystems, das von der Eldgjá (»Feuerschlucht«) bis zu den Vestmannaeyjar reicht. Auch sie schlummert unter einem Gletscher, dem Mýrdalsjökull, der bei Vík bedrohlich nah an die besiedelte Südküste heranrückt. Die Katla explodierte bisher mit unschöner Regelmäßigkeit spätestens alle 80 Jahre, wobei die größte Gefahr von den riesigen Gletscherläufen ausging, die sie durch rasches Abschmelzen des Eises zuwege bringt. Bei ihrem

bisher letzten Ausbruch ergossen sich Fluten, die in etwa dem vereinigten Abfluss von Amazonas, Mississippi, Nil und Jangtse entsprachen, über den Mýrdalssander. Dieser Ausbruch liegt inzwischen über 90 Jahre zurück. Die Katla rumort bereits wieder bedrohlich in ihrem Untergrund. Mit den derzeit installierten Frühwarnsystemen rechnet man, nach einem Alarm für Evakuierungen noch etwa vier bis sechs Stunden bis zum Ausbruch zu haben.

Die Isländer aber sind darin geübt, in allem auch das Positive zu sehen. Immerhin hätten ihnen Ausbrüche und Gletscherläufe der Katla gegen den Küstenabtrag durch die Brandung des Atlantiks bisher etwa 40 Quadratkilometer neues Land beschert.

Viele der isländischen Vulkane haben einen inzwischen erkannten Rhythmus wiederkehrender Aktivität nach langen Ruhephasen. Zu ihnen gehören der höchste Berg, der Hvannadalshnúkur, und auch die Hekla, die nach längerer Ruhe im Jahr 1104 zum ersten Mal seit der Besiedlung plötzlich verheerend ausbrach. Seitdem folgten in

ereignet, und auf einer Insel mit rund 30 aktiven Vulkansystemen muss damit gerechnet werden, dass sich eine ähnliche Katastrophe jederzeit wiederholen kann.

Unendlich weite Horizonte

Das Südland

Der Austernfischer hat gut lachen (oben). – Doch mancherorts ist es sogar in Island eng, wenn es um die besten Plätze in der Þórsmörk geht (Mitte). – Ausweichpisten sind aber genügend vorhanden (unten). – Rechte Seite: Wie für Touristen installiert: der Seljalandsfoss gleich neben der Ringstraße.

Abgesehen von einem schmalen Landstreifen vor dem Südrand von Eyjafjalla- und Mýrdalsjökull, wo am Fuß der steil aufstrebenden Hänge kaum einmal mehr Platz als für einen Hof mit seinen Wiesen und die Straße bleibt, präsentiert sich der Süden Islands vor allem als ein Land der weiten Horizonte. Das bergige Hochland tritt weit ins Landesinnere zurück und lässt so viel Raum, dass man früher, als man noch zu Fuß oder mit dem Pferd unterwegs war, durch die klare Luft vielerorts schon am Morgen das Tagesziel sehen konnte, das man jedoch erst am Abend nach vielen Mühen erreichen sollte. Zwei Gletschermassive gliedern die Südküste in einen dunklen, geheimnisvollen östlichen Teil, in dem die Lavafelder des Laki-Ausbruchs und die schwarzen Sanderflächen der Gletscherläufe vorherrschen, und in einen grünen westlichen Teil, der inzwischen den landwirtschaftlichen Versorgungsraum für die Hauptstadtregion und andere Landesteile darstellt.

Erhebungen ragen auf diesen flachen Ebenen nicht derart schroff und hoch auf wie an den Fjordküsten und erwecken den Eindruck, vielleicht gar von der Eiszeit geschliffen worden zu sein. Die stärkste Erosionskraft übt hier jedoch der Ozean aus. Auf den Sandern erheben sich vereinzelte Tafelberge mit steilen Flanken wie schwimmende Inseln, und nichts anderes sind sie einmal gewesen. Als am Ende der Eiszeit die Gletscher schmolzen, stieg der Meeresspiegel erheblich an und das Wasser reichte viel weiter ins Land hinein als heute. Von der Last des Eises befreit, hob sich das Land in den folgenden Jahrtausenden, sodass man dort, wo die Südküste Islands einmal verlief, heute von der Brandung verursachte Auswaschungen und Höhlungen im Fels in bis zu 100 Metern Höhe erkennen kann.

Tief ins Tuffgestein des
Laki-Ausbruchs gegraben:
Fjaðrárgljúfur (rechts).
Papageitaucher brüten
immer im »Penthouse«
eines Vogelfelsens (Mitte).
Die kleine Kapelle von
Núpsstaður stammt aus dem
17. Jahrhundert (unten).

Besonders deutlich ist diese ehemalige Brandungslinie in den Felswänden bei Síða zu sehen, in ebenjenen Felswänden, die Síra Jón
Steingrímsson und seinen Gemeindemitgliedern 1783 zunächst
den Blick auf die heranrückende Feuerwalze des Laki-Ausbruchs
versperrten – und ihnen womöglich als steinerne Barriere das Leben
retteten.

Die Lava aus der Laki-Kraterreihe, wind- und frosterodierte
Gesteinsbrocken aus dem Hochland, Asche- und Schlammmassen
subglazialer Ausbrüche und Gletscherläufe haben das Meer zurück-
gedrängt, Land neu geschaffen und dieses weiter aufgefüllt. Sie
haben schiere Unendlichkeiten aus schwarzem Sand geschaffen, die
heute die Inselberge umgeben wie ein wahrhaft schwarzes, staub-
trockenes Meer.

Bis vor wenigen Jahren musste die Ringstraße auf den Sandern
immer wieder wegen heftiger Staubstürme geschlossen werden, doch
allmählich ist die Landschaft zumindest entlang der Straße dabei, ihr
Gesicht zu ändern. Seit Jahren hat das Staatliche Amt für Landrege-
nerierung dort aus der Luft widerstandsfähige Grasarten und Alaska-
lupinen ausgesät, und langsam trägt diese zähe Arbeit Früchte. Im
Sommer fährt man dort inzwischen abschnittsweise durch Felder
blau blühender Lupinen oder von Rotschwingel, der das schwarze
Land in einem rötlichen Flor aufleuchten lässt.

Die Wiederbegrünung von Islands Süden scheint gut voranzu-
kommen. Zunächst erwirkten die Staatliche Behörde für Wiederauf-
forstung, Bauern- und Umweltschutzverbände, dass die freie Bewei-
dung, die durch den Schafverbiss der empfindlichen Vegetation große
Schäden zugefügt hat, stark eingeschränkt wurde. Einst war mehr als
die Hälfte Islands mit Vegetation bedeckt, heute ist es nur noch ein
Viertel. Man hat errechnet, dass der Insel seit der Besiedlung durch
Erosion Jahr für Jahr 30 Quadratkilometer, insgesamt drei bis vier

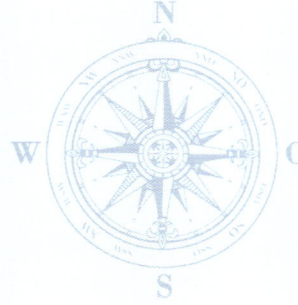

Ein schmaler Fußpfad führt hinter dem Seljalandsfoss entlang.

Eine Landmarke für Wanderer
auf dem »Laugavegur«:
Stórasúla *(oben)*.
Der Lohn der Mühen: ein Bad
in den warmen Quellen von
Landmannalaugar *(rechts)*.
Nach dem germanischen Donner-
und Wettergott Thor benannt ist
die zerklüftete und bewaldete
Berglandschaft Þórsmörk
(rechte Seite oben).

Þingvellir

Als Úlfljótur Þóruson die Ebene am Þingvallavatn wegen ihrer guten Erreichbarkeit aus allen Landesteilen und ausreichend Wasser und Gras zum Tagungsort für das 930 gegründete Althing erkor, setzte er es genau auf den sichtbarsten Teil der »Dehnungsfuge« zwischen der amerikanischen und der europäischen Kontinentalscholle. Am Althing waren zunächst alle waffenfähigen, also freien Männer stimmberechtigt. Die »Allmännerschlucht«, in der während des zweiwöchigen Things die angesehensten Familien in überzelteten Steinhütten untergebracht waren, ist seitdem um sieben Meter breiter geworden. Bei dem heute mit einer Fahne markierten Gesetzesfelsen (lögberg) verkündete der Gesetzessprecher in jedem Jahr die Gesetze des Landes. Seitdem ist nahezu jedes Ereignis von nationaler Tragweite hier zelebriert worden: 1874 die Tausendjahrfeier der Entdeckung zum Beispiel oder am 17. Juni 1944 die Ausrufung der unabhängigen Republik. 2004 erklärte die UNESCO Þingvellir zum Weltkulturerbe.

Millionen Hektar bewachsenes Land verloren gegangen sind. Ende des 19. Jahrhunderts erreichte das Fortschreiten der Verwüstung ihre bisher größte Geschwindigkeit, und den Isländern wurde klar, dass sie endlich wirksame Gegenmaßnahmen ergreifen mussten. 1907 wurden diesbezüglich die ersten Gesetze erlassen. Mit Quotenregelungen und finanziellen Anreizen konnte der Staat die Bauern dazu bewegen, innerhalb der letzten 25 Jahre den Schafbestand landesweit fast um die Hälfte zu reduzieren. Anstatt garantierter Preise für Schaffleisch erhalten die Bauern inzwischen Fördergelder für die Aufforstung, und der neueste Trend in der isländischen Landwirtschaft ist es, »Waldbauer« zu werden.

Besonders in den westlichen Teilen des Südlands sieht man sehr deutliche Erfolge: Wo früher bucklige Feuchtwiesen oder kahle Schotterflächen brach lagen, stehen heute mehr und mehr buschige Weidendickichte, wachsen Birkenhaine und kleine Fichten- oder

Lärchenschonungen heran. Bislang flunkern Isländer immer noch ein wenig provozierend, Islands größter Wald, das seien die Gärten von Reykjavík, hohe Bäume gehörten auch nicht in die Landschaft, sie würden nur die Aussicht verstellen. Tatsache aber ist, dass die Bauern nun selbst etwas gegen die Verödung des Bodens tun und auch gerade die bespötelten Städter auf den Grundstücken um ihre Wochenend- und Sommerhäuser Bäume pflanzen.

Die Diversifizierung der isländischen Landwirtschaft hat ganz im Westen des Südlands, also gerade östlich des Bergs, den die Reykwikinger als Grenze zum Südland ansehen, begonnen. An den Flanken dieses Bergstocks steigen überall die Dampfsäulen heißer Quellen in den Himmel, und am bergseitigen Ortsrand des immerhin mehr als 2300 Einwohner beherbergenden Städtchens Hveragerði gibt es sogar einen kleinen Geysir, die Hexe Grýla, die man mit ein wenig Schmierseife leicht in die Höhe kitzeln kann. Hveragerði liegt genau am Rand eines Hochtemperaturgebiets. In nur 125 Metern Tiefe verläuft eine ergiebige Heißwasserader mit 180 Grad heißem Wasser.

Traditionell nutzte man den gleich unter der Oberfläche heißen Untergrund zum Brotbacken und die warmen Quellen zum Wäschewaschen. So entstanden hier während der Besatzungszeit im Zweiten Weltkrieg eine Großwäscherei und eine Bäckerei für die alliierten Soldaten. Bald nach dem Krieg wurden die ersten Gewächshäuser gebaut, die man mit Dampf und heißem Wasser aus der Erde heizte, um Gemüse und Blumen zu ziehen, die in Island sonst nirgends wuchsen.

Rund 20 Jahre später standen schon 40 000 Quadratmeter unter Glas, und Hveragerði belieferte die Hauptstadt mit Bananen, Tomaten, Gurken und anderem Gemüse. Außerdem kommt fast die Hälfte aller Schnittblumen und Topfpflanzen aus seinen Gewächshäusern. Nach schweren Erdbeben 2008 ist im Osten der Stadt ein neues Hochtemperaturgebiet entstanden.

Landmannalaugar liegt in der vulkanisch aktiven Riftzone. Aus Spalten treten Schwefeldämpfe aus (oben) und an manchen Stellen finden sich große Stücke von glasartigem Obsidian (rechts). Rechte Seite: Aus der Luft sieht man besonders gut, wie stark gefaltet die bunten Liparitberge um Landmannalaugar sind.

Den Segen der Vulkanerde nutzen

1997 erhielt Hveragerði gewissermaßen einen warnenden Schubs von dem Berg, dem es seine wirtschaftliche Blüte zu verdanken hat. Der Untergrund in Hochtemperaturgebieten ist zwar ständig unruhig und im Hengill-Massiv registriert die Erdbebenwarte manchmal über 1000 kleinere Erdstöße pro Tag. Im August 1997 kam es jedoch direkt im Schlot des Vulkans zu einem heftigen Beben, das ganz Hveragerði aus dem Schlaf riss. Seitdem beobachten die Wissenschaftler, die auf einer Webseite des Meteorologischen Instituts eine alle zwei Stunden aktualisierte Erdbebenkarte veröffentlichen, mit zunehmender Sorge, dass sich die Magmakammern unter dem Hengill, der vor 10 000 Jahren das letzte Mal ausbrach, offenbar wieder zu füllen beginnen. Der Vulkan liegt in Sichtweite der Hauptstadt. Vor einem etwaigen Aus-

Fortsetzung Seite 152

Nasse Füße inbegriffen

Wandern in Island

1

2

3

1 In seinem Oberlauf muss sich das später so breit verzweigte Markarfljót durch enge Schluchten zwängen.
2 Im Sommer sind viele Wanderer auf dem Laugavegur unterwegs. In den Hütten trocknen dann über Nacht Schuhe und Anoraks.
3 Tagsüber bilden sich spontan Gruppen von Wanderern mit gleichem Tempo.
4 Unterwegs ist man froh, wenn's auch mal bergab geht.
5 Am Ziel: die Hütte von Ferðafélag Íslands in der Þórsmörk.

Seite 150/151:
Tal der Krossá in der Þórsmörk – Blick vom Aussichtsberg Valahnúkur.

Island lädt fast überall dazu ein, den Wagen abzustellen und sich zu Fuß oder zu Pferd in die oft so grandiose Natur zu begeben. Isländern wird man auf solchen Wanderungen nach Ansicht des Satirikers Hallgrímur Helgason kaum begegnen, denn sie, so behauptet er, betrachten die Natur ausschließlich durch die Scheiben ihrer Autos oder Sommerhäuser.

Nein, so ist es natürlich nicht. In den beiden isländischen Wandervereinen sind viele Isländer engagiert, ohne deren freiwilligen Einsatz man kaum irgendwo auf der Insel mehr als eine kurze Tageswanderung unternehmen könnte, weil es an Brücken und an Hütten zur Übernachtung in unbesiedelten Gegenden mangelt. Beide Vereine bieten übrigens vielfältige orts- und sach-

kundig geführte Wanderungen im ganzen Land an, auch für Nichtmitglieder. Besser als durch solche Wanderungen kann man als Landesfremder kaum in die isländische Natur eingeführt werden.

Sicher kann man schon in den lichten Birkenwäldchen des Nationalparks Þingvellir wunderschöne Spaziergänge unternehmen oder in den Hvalfjörður fahren und in einem der beiden Täler an seinem Ende zu Islands höchstem Wasserfall, dem 196 Meter hohen Glýmur, wandern.

Ein Schwerpunkt der beiden Vereine ist das atemberaubende Tal der Þórsmörk hinter den Südlandgletschern (siehe »Auf der Fährte der Eisfüchse«, Seite 64), in dem beide ebenso wie das Busunternehmen Austurleið-Kynnisferðir Hütten unterhalten.

Abgesehen von Rundwanderungen im Tal und seinen angrenzenden Bergen und Schluchten, dient es geübten Wanderern auch als Start-/Zielpunkt für den bekanntesten Trail auf Island, den 55 Kilometer langen Laugavegur. Puristen beginnen ihn an der Küste bei Skógar und steigen an den zahlreichen Wasserfällen der Skógá hinauf zum Fimmvörðuháls, dem Bergsattel zwischen Mýrdals- und Eyjafjallajökull, von wo man bei gutem Wetter einen traumhaften Blick über das Südland hat. Allerdings ist der Pass in 1100 Metern Höhe oft in Nebel gehüllt, und man sollte ihn nur begehen, wenn man einigermaßen sicher sein kann, zumindest die Holzpflöcke der Wegmarkierung noch erkennen zu können. Danach wird man sich gern in der Þórs-

4

5

und ockerfarbenes Rhyolithgestein) aufgebauten wilden Berglandschaft an der Südostküste. Sie führt über eine Gletscherzunge am Ostrand des Vatnajökull hinauf zum Snæfell (1833 m), Islands höchstem Berg außerhalb der Gletscher. Für den, der sich dann noch fit fühlt, sind die etwa 110 Kilometer über Wüstenpisten zu Askja und Herðubreið, der Öskjuvegur, beinahe ein Spaziergang.

Wichtig zu wissen ist, dass man bei Wanderungen im isländischen Hochland abgesehen von anschwellenden Flüssen jederzeit mit Wetterstürzen rechnen muss, die einen in Gefahr bringen können. Darum: immer am letzten Vorposten der Zivilisation (ob Hof oder Wanderhütte) Bescheid sagen, wohin man sich auf den Weg macht!

mörk erholen, ehe man zu den weiteren drei bis vier Tagesetappen über Emstrur, Álftavatn und Hrafntinnusker nach Landmannalaugar aufbricht, einem weiteren landschaftlichen Höhepunkt Islands (mit natürlich beheiztem Badebach). Wer ein paar Höhenmeter sparen möchte, kann mit dem Bus nach Landmannalaugar auf 580 Meter Höhe fahren und die Route in umgekehrter Richtung zurücklegen.

Körperliche Anforderungen, Natur- und Landschaftserlebnisse beim Wandern lassen sich durchaus noch steigern. Allerdings sollten sich nur wirklich Durchtrainierte an die schwierige Tour durch das Lónsöræfi wagen, einer aus unglaublich bunten Gesteinen (v.a. schwarzer Basalt

bruch wird er allerdings noch einmal zur Ader gelassen. Nach dem geo-thermischen Kraftwerk von Nesjavellir auf der Nordseite beim See von Þingvellir, das Reykjavík seit 1990 mit 120 Megawatt Strom und reich-lich 1600 Litern Heißwasser pro Sekunde versorgt, wurde auf der Hel-lisheiði gleich oben am Hengill ein weiteres Erdwärmekraftwerk mit einer Leistung von mehr als 300 Megawatt errichtet, das größte Islands.

Ein zweiter Ort, der im Südland zunehmend an Bedeutung als Gemüse- und Gartenbauzentrum gewinnt, ist Flúðir, nicht weit vom ersten Bischofssitz des Landes entfernt. Dort in Skálholt fand man Saatkörner von Gerste, Beifuß und Leinsamen aus dem Mittelalter. Die Bischöfe scheinen Versuche mit Getreideanbau und Kräutergär-ten wie in den Klöstern auf dem Kontinent betrieben zu haben. Doch geht man davon aus, dass der Ackerbau auf Island im 14. Jahrhun-dert mit Beginn der »Kleinen Eiszeit« zum Erliegen kam. Erst im 19. Jahrhundert führte ihr Siegeszug um die Welt die Kartoffel nach Island, und ihr folgten einige wenig kälteempfindliche Gemüsearten wie Kohl und Rüben. Doch auch in diesen weiter landeinwärts gele-genen Landgemeinden brachte erst die Nachfrage der Besatzungs-

soldaten im Zweiten Weltkrieg den Durchbruch zu einem gewerbsmäßigen Gartenbau. 1940 wurden eine Gartenbauschule und eine Vertriebsgenossenschaft der Gemüsebauern gegründet. Erdwärme und heiße Quellen für Wärmebeete und Gewächshäuser waren in der Gegend genügend vorhanden, zudem brachte der Bau eines Fernwärmesystems die Möglichkeit, auch größere, durch Schläuche geheizte Felder in einiger Entfernung von den Quellen anzulegen. Zu Kohl- und Kartoffelanbau gesellte sich 1984 die erste, zunächst in alten Armeebaracken angesiedelte Champignonzucht. Flúðir wächst mit Geschäften, Werkstätten, Schulen und anderen Einrichtungen allmählich zu einem kleinen Dienstleistungszentrum des Umlands heran.

Von Flúðir aus hat man einen der übelbeleumundetsten Vulkane Islands ständig vor Augen, die Hekla. Als die ersten Menschen Island erreichten, befand sie sich gerade in einer längeren Ruhephase. Erst im Jahr 1104, nachdem das grüne Land entlang der Þjórsá, Islands längstem Fluss, seit Langem besiedelt war, leitete sie mit einem heftigen Ausbruch einen bis heute anhaltenden Zyklus von Aktivität ein. Die Höfe im Þjórsá-Tal und fast die Hälfte der Insel bedeckte sie

allein bei jenem Ausbruch mit zweieinhalb Kubikkilometern Asche und Bims. 1939 legte man bei Stöng die Überreste eines blitzartig begrabenen Hofs frei.

Ein Dunstloch der Hölle

Der Berg hielt die Menschen mit fortgesetzten Ausbrüchen in Angst und Schrecken, und die Hiobsbotschaften aus Island machten auch auf dem Kontinent die Runde. Im Jahr 1180 behauptete der Mönch Herbert von Clairvaux in seinem »Buch der Wunder«, auf Island befände sich ein gewaltiger Eingang zur Hölle, gegen den der Ätna lediglich ein kleines »Dunstloch« (spiraculum) sei. Noch einmal 50 Jahre später sah man bereits, wie fliegende Teufel die Seelen Gestorbener in den Krater der Hekla fallen ließen, und Seefahrer des 16. Jahrhunderts vermeldeten schließlich, sie hätten gesehen, wie die Seelen der toten Büßer abwechselnd von den Teufeln auf treibenden Eisschollen zum Abschrecken ausgelegt und anschließend wieder ins Höllenfeuer des »Heckelfells« gestoßen würden. Dass derartiges See-

mannsgarn damals geglaubt wurde, beweisen selbst die besten Islandkarten jener Zeit wie die »Carta marina« des schwedischen Bischofs Olaus Magnus von 1539 oder die des »Ptolemäus des 16. Jahrhunderts«, Abraham Ortelius, in seinem »Theatrum Orbis Terrarum« von 1570. Als die beiden isländischen Naturforscher Eggert Ólafsson und Bjarni Pálsson in der Mittsommernacht des Jahres 1750 vielleicht als Erste den Gipfel der Hekla bestiegen, taten sie das auch, um als Vertreter der Aufklärung gegen den mit dem Vulkan verbundenen Aberglauben anzugehen.

Allein im letzten Jahrhundert brach die Hekla fünf Mal aus, und bei der heftigen, über ein Jahr anhaltenden Eruption von 1947 flog die Asche binnen dreier Tage bis nach Helsinki in Finnland.

Während die Isländer also besorgt auf den längst überfälligen nächsten großen Ausbruch der Katla warten, lernten Flugreisende in ganz Europa einen sehr viel schwerer auszusprechenden isländischen Vulkan zu fürchten, den Eyjafjallajökull, von fremdsprachenungeübten amerikanischen Reportern auch schon einmal zu »the e-volcano« verkürzt. Nach isländischen Begriffen war seine Eruption

im März 2010 kaum mehr als ein hübscher »Touristenausbruch«, der sich zudem sehr pittoresk direkt am Wanderweg in das Tal der Þórsmörk hinter dem Eyjafjalla-Gletscher ereignete. Eine zweite Eruption im April desselben Jahres fiel schon heftiger aus, und vor allem schleuderte er gewaltige Massen von Asche mehrere Kilometer hoch in die Luft, wo sie von den herrschenden Westwinden tagelang nach Europa geblasen wurde. Dort drohten Aschepartikel in die Triebwerke von Flugzeugen zu geraten, und daher schlossen zwanzig europäische Länder notgedrungen für länger als eine Woche ihren Luftraum mit der Folge, dass überall Zigtausende von Reisenden unfreiwillig am Boden festsaßen. Nicht wenige Engländer vor allem frotzelten im Grunde wenig *amused*, nachdem sie ihnen mit dem

Bankencrash erst ihren cash gestohlen hätten, würden die Isländer sie zu allem Überfluss nun auch noch mit *ash*, Asche, bewerfen.

Die Gemarkungen der Südlandgemeinden reichen seit jeher an den vergletscherten Vulkanen und den Lavafeldern der Hekla vorbei weit ins Hochland hinauf, damit die Bauern die hoch gelegenen Täler als Sommerweide für ihre Schafe nutzen können. Im Herbst waren große gemeinschaftliche Aufgebote vonnöten, mit denen man das frei weidende Vieh systematisch selbst aus den entlegensten Tälern zusammentreiben konnte. Um die beträchtlichen Entfernungen und das schwierige Gelände meistern zu können, bedurfte es vieler ausdauernder Pferde, und so gibt es noch heute traditionell eine Menge Pferdezüchter im Südland. Während sich die meisten von ihnen

Linke Seite: Ein mächtiger Felsen schützt den Hafen von Heimaey (oben).
So baute man hier früher. Rekonstruiertes Wikingerhaus auf den Vestmannaeyjar (unten).
In zwei Stufen stürzen die Wasser der Hvítá den mächtigen Gullfoss hinab (oben).
Ein 60 Meter hoher Vorhang aus Wasser. Der Skógarfoss an der Südküste (links).

gerade an der scheinbar unerschöpflichen Farbenvielfalt ihrer Herden erfreuen, hat man sich zum Beispiel in Kirkjubæjarklaustur darauf kapriziert, nur Füchse mit weizengoldenen Mähnen und Schweifen zu züchten. Die grasbestandenen Wiesen des Südlands geben ein vorzügliches Weideland für Pferde ab. Und seitdem das Islandpferd zum beliebten Freizeitgefährten geworden ist, bildet der Reittourismus eine nicht unerhebliche Einkommensquelle für die dortigen Bauern. Obgleich sich gute Reiterhöfe heute in allen Landesteilen finden, sind die Höfe im Süden neben dem traditionellen Pferdenarrenzentrum im Skagafjörður bei Touristen anscheinend besonders beliebt. Sie bieten vom kleinen Rundritt zu den touristischen Hauptattraktionen Gullfoss und Geysir über eine Teilnahme an den fast nur noch

aus Tradition aufrechterhaltenen mehrtägigen Herbstabtrieben bis hin zu einwöchigen Hochlandüberquerungen unter Mitnahme von bis zu 120 Handpferden eine große Vielfalt an Touren- und Ausrittmöglichkeiten.

Natürlich ist das Geothermalfeld im Haukadalur, auf dem einst der allen anderen Springquellen auf der Welt seinen Namen leihende große Geysir bis zu 60 Meter in die Höhe sprühte, eine der touristischen Hauptsehenswürdigkeiten der Insel. Auch wenn er selbst zu Beginn des 20. Jahrhunderts allmählich eingeschlafen ist. Umso fleißiger schleudert dafür sein kleiner Bruder Strokkur, das »Butterfässchen«, alle fünf bis zehn Minuten das siedende Wasser aus seinem engen Eruptionskanal bis zu 25 Meter hoch in die Luft. Und kochende

Der kleine Bruder des großen Geysir. Alle 5–10 Minuten wölbt sich die Wassersäule im Strokkur, bis sie zischend in die Höhe schießt.

Schlammtöpfe oder Quelltöpfe mit wunderschön opalblauem, heißem Wasser würden anderswo schon eine Attraktion für sich darstellen. Hier sind sie zweitrangiges Beiwerk zu größeren Naturwundern.

Nur zehn Kilometer weiter auf die Gletscher und das Hochland zu befindet sich ein weiteres Highlight, der »Goldene Wasserfall« Gullfoss. Über zwei fast rechtwinklig gegeneinander versetzte Stufen von elf und 21 Metern stürzen die Wassermassen des Gletscherflusses Hvítá in den 70 Meter tiefen Canyon, den sich der Fall im Lauf der letzten 10 000 Jahre rückwärts durch das Gestein gefressen hat. Den bei tief stehender Sonne myriadenfach im Schleier der Gischt golden aufglänzenden Wassertröpfchen verdankt er seinen Namen. Anfang des letzten Jahrhunderts bot ein Engländer viel Geld, um ihn zu einem Stromerzeuger umbauen zu dürfen. Nur der Tochter des das

Land besitzenden Bauern ist es zu verdanken, dass der Gullfoss erhalten blieb. Sie drohte damit, sich in den Wasserfall zu stürzen, falls der Vater ihn verkaufen würde. Eine derart verzweifelt mutige Frau hat sich angesichts der heutigen Kraftwerksprojekte nicht gefunden. Am allerschönsten ist der Gullfoss im Winter, wenn nach lang anhaltendem Frost das Tosen des Wassers der fast unheimlichen Stille aus dem Hochland weicht. Der Fall ist noch da, doch nicht in Bewegung; sein Wasser ist im Sturz gefroren. Wie dicke Seilstränge, gedrehte Taue aus grünlichem oder bläulichem Milchglas türmt sich Kaskade über Kaskade aus der Tiefe der Schlucht in die Höhe. Unter einem unendlich blauen Winterhimmel liegt der Goldene Wasserfall im Kälteschlaf wie vom Anhauch der Eiskönigin aus Andersens Märchen verzaubert.

Linke Seite: Im Hochland kann der Boden heiß werden. Explosionskrater Víti an der Askja. Dampfende Solfataren direkt am Eisrand der Kverkfjöllz *(oben).* Die Erdwärme schmilzt in den Kverkfjöll gewaltige Höhlen ins Gletschereis *(links).*

Seite 160/161:
Islands »heilige« Stätte: Die Ebene von Þingvellir.

Planen, Reisen, Genießen

Größe/Lage/Naturraum

Island, mit 103 000 Quadratkilometern etwa so groß wie die Bundesländer Bayern und Baden-Württemberg zusammen, liegt zwischen dem 63. und dem 67. Breitengrad unmittelbar am Polarkreis im Nordatlantik. Nächste Nachbarn sind die Ostküste Grönlands in knapp 290 Kilometern Entfernung und der Archipel der Färöer-Inseln, 430 Kilometer

südöstlich. Bis nach Schottland beträgt der Abstand fast 800 Kilometer und zur Westküste Norwegens nahezu 1000 Kilometer.

Durch seine Lage auf einem Hotspot unter der kontinentalen Riftzone des Atlantischen Rückens ist Island eines der vulkanisch aktivsten Länder der Erde. Sein größtenteils unbesiedeltes und wüstes Hochland im Inselinneren ist gekennzeichnet durch ein unmittelbares Neben- oder gar Übereinander von heißen Vulkanen und kalten Gletschern. Noch sind mehr als 11 000 Quadratkilometer oder elf Prozent der Landesfläche von diesen Gletschern bedeckt. Besiedelt ist das Land nur entlang seiner etwa 5000 Kilometer lange Küstenlinie, an der sich der milde Einfluss des Meeres und insbesondere des Golfstroms bemerkbar macht.

Isländischer Buschwald, »kjarr«, bei Þingvellir (oben). Berghänge aus hellem Liparit. Landmannalaugar (oben Mitte). Rosenwurz verkriecht sich dort, wo nicht einmal Schafe hinkommen (rechts).

Flora und Fauna

Bei seiner Entdeckung vor gut 1100 Jahren war Island eine zu 25 Prozent bewaldete Insel. Heute ist nur noch gut ein Viertel der Landesfläche überhaupt mit Vegetation bedeckt. Und lediglich ein Prozent des Landes weist Wald auf. Die Desertifikation durch extreme Klimaver-

hältnisse, wiederkehrende Vulkanausbrüche und den Menschen ist derzeit das größte Umweltproblem Islands. Dementsprechend ist die Artenvielfalt bei Tieren und Pflanzen begrenzt. Knapp 500 Arten höherer Pflanzen sind bekannt, dagegen mehr als 1000 Arten von Moosen und Flechten, die besonders Geröll und Gestein im tundraartigen Hochland und auf den weiten Lavafeldern besiedeln. Im fruchtbaren Tiefland überwiegen offene Graslandschaften, Feuchtwiesen und Moore, die fast zehn Prozent der Fläche bedecken.

Vor der Ankunft des Menschen lebte als einziges höheres Landsäugetier der Polarfuchs auf der Insel. Abgesehen von den üblichen Haus- und Nutztieren führte der Mensch später Rentiere aus dem norwegischen

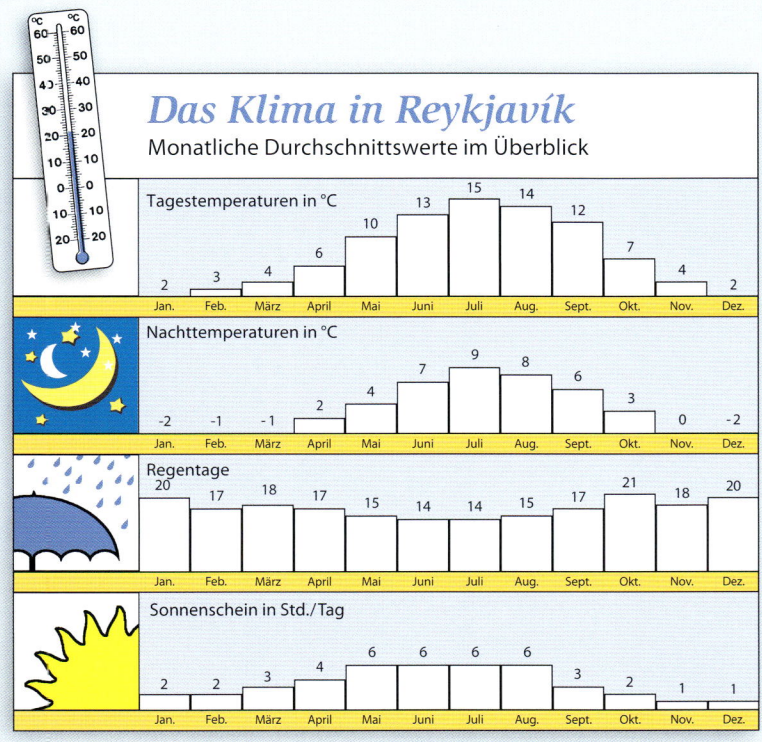

Das Klima in Reykjavík
Monatliche Durchschnittswerte im Überblick

Tagestemperaturen in °C

Jan.	Feb.	März	April	Mai	Juni	Juli	Aug.	Sept.	Okt.	Nov.	Dez.
2	3	4	6	10	13	15	14	12	7	4	2

Nachttemperaturen in °C

Jan.	Feb.	März	April	Mai	Juni	Juli	Aug.	Sept.	Okt.	Nov.	Dez.
-2	-1	-1	2	4	7	9	8	6	3	0	-2

Regentage

Jan.	Feb.	März	April	Mai	Juni	Juli	Aug.	Sept.	Okt.	Nov.	Dez.
20	17	18	17	15	14	14	15	17	21	18	20

Sonnenschein in Std./Tag

Jan.	Feb.	März	April	Mai	Juni	Juli	Aug.	Sept.	Okt.	Nov.	Dez.
2	2	3	4	6	6	6	6	3	2	1	1

Fjell sowie nordamerikanische Nerze für die Pelztierzucht ein. Einmal ausgewildert, entwickelten sie sich lokal zu einer ernsten Bedrohung für die Vögel, die im »tierischen« Erscheinungsbild Islands den Ton angeben. 230 bis 280 Arten werden als regelmäßige Besucher registriert, knapp 70 von ihnen brü-

Auf den offenen Sandern der Südküste brütet die große Raubmöwe Skúa (oben). Snorri Sturluson. Verfasser der »Edda« (Mitte oben). Spiegelblank dehnt sich der Mývatn an einem windstillen Tag (rechts).

ten auf der Insel. Vor allem Wat- und Seevögel sind mit zahlreichen, teils in die Millionen gehenden Beständen vertreten. Nicht zu erwähnen vergessen sollte man auch die tierreichen Gewässer rund um Island. Zwar müssen auch Dorsch, Schellfisch und Co. mittlerweile leider als überfischt und schützenswert eingestuft werden; dafür haben sich einige früher dezimierte Walarten inzwischen regeneriert. Wenn die Episode des aus nationalem Eigensinn wieder aufgenommenen Walfangs demnächst hoffentlich wieder vorbei sein wird, dürften Beobachtungsfahrten zu den Tauchgebieten der Meeressäuger nahe der Küste und den Robbenbänken von neuem etlichen »Touristenbauern« Arbeit bringen und den Besuchern viel Freude bereiten.

Klima

Früher einmal war Island vor allem durch seine Tiefs noto-

risch berüchtigt. Die Isländer selbst unterscheiden sinnig zwischen gutem und schönem Wetter. Letzteres ist selten, Ersteres alles, was nicht Regen und Sturm ist. Die Insel liegt genau auf der Treibeisgrenze. Das bedeutet, der kalte Ostgrönlandstrom

führt das Treibeis aus der Arktis zusammen mit polarer Kaltluft heran, die bei Island auf mildere, mit dem Golfstrom aus der Karibik kommende warme Luftmassen trifft. Dieses Aufeinanderprallen führt zu heftigen Wind-

und Wolkenwirbeln in einer stets veränderlichen Wetterküche. Nicht zuletzt wegen der Stürme bei Island hat man 1949 die Beaufortskala von zwölf auf 17 Windstärken erhöht. Die höchste Stufe bezeichnet Orkane mit Geschwindigkeiten über 180 Stundenkilometer, wie sie nahezu jedes Jahr einmal über Island hinwegbrausen. Die höchste gemessene Windgeschwindigkeit über der Insel erreichte ein Sturm im Winter 1995 mit über 267 Stundenkilometern.

Besonders im Hochland kommt noch die Kälte hinzu. Mit Jahresmitteltemperaturen unter null Grad und stellenweise Permafrostboden herrschen dort subarktische Verhältnisse. Im bewohnten Tiefland mildert das überall nahe Meer die Temperaturen auf ein Jahresmittel von 4 Grad Celsius, was beträchtlich über den Werten anderer Weltgegenden in gleichen Breiten liegt. Die Meeresnähe verhindert auch größere Temperaturschwankungen, sodass allenfalls in den landeinwärts gelegenen Regionen des Ostens, am

Mývatn oder auf der Hochfläche um Egilsstaðir, das Thermometer an Ausnahmetagen schon einmal der 30-Grad-Marke nahe kommen kann. Reykjavík erlebte den bisher »heißesten« Tag aller Zeiten im August 2004 mit 24,8 Grad Celsius.

Reisezeit

Island ist kein touristisches Neuland, daher gibt es längst Erfahrungswerte für die beste Reisezeit, gegen die die isländische Tourismusbranche ebenso ver-

bissen wie bislang ergebnislos anzukämpfen versucht. Demnach umfasst die Reisesaison auf Island nicht mehr als zwei Monate von etwa Mittsommer bis Mitte August. Das um einen Feiertag verlängerte erste Augustwochenende gilt als Höhepunkt und Ende der Hochsaison. Innerhalb dieser Zeit hat man sicher die größten Chancen, ein für Mitteleuropäer akzeptables Reisewetter vorzufinden und – von stets möglichen überraschenden Wintereinbrüchen abgesehen – auch

Heiße Quellen mitten im kalten Hochland: Hveravellir (oben Mitte). – Klein, aber bunt. Umzug am Nationalfeiertag in Egilsstaðir (links oben). Viele Kinder wachsen noch in nahem Kontakt mit der Natur auf (links unten).

alle geplanten Reiseziele erreichen zu können, was in der übrigen Zeit des Jahres durchaus nicht immer der Fall ist. Die Pisten ins Hochland etwa können manchmal nicht vor Anfang Juli für den Verkehr freigegeben werden. Zudem sind die ehemaligen Internatsschulen, die sommers als sogenannte »Edda-Hotels« dem Fremdenverkehr offenstehen, außerhalb der Hauptreisezeit geschlossen, und es kann zumindest für Reisegruppen in entlegenen Gebieten eventuell schwierig werden, ein Übernachtungsquartier zu finden. Davon abgesehen aber kann Island auch im September

mit seinen oft schönen und trockenen Herbsttagen oder im Spätwinter mit Schnee und klarem Himmel ein wundervolles Reiseland sein.

Feste/Feiertage

Außer den auch bei uns üblichen Festen weist der Kalender in Island noch einige besondere Feiertage auf. Auf einer Vermengung der alten heidnischen Zeiteinteilung mit dem christlichen Kalender beruhend, beginnt die Weihnachtszeit auf Island 13 Tage vor dem Weihnachtstag mit dem Erscheinen des ersten von insgesamt 13 Weihnachtsmännern, die nach Weihnachten ebenso Tag für Tag wieder abtreten. So feiert man »den Dreizehnten« (Þrettándinn) am Dreikönigstag, dem 6. Januar. Bóndadagur (der Tag der Hausherren) am 23. Januar ist ein nettes Gegenstück zu unserem

chenende der Isländer, das traditionell an bestimmten Orten wie zum Beispiel auf den Westmännerinseln mit Open-Air-Festivals ausschweifend gefeiert wird.

entgegen, aber auch durch die zunehmende Reisegeschwindigkeit heutiger Passagierflugzeuge hat sich die Anreise inzwischen auf unter drei Stunden

Typisch Reykjavík: die bunt gestrichenen Dächer (oben).
Bei guter Sicht kein Problem: Orientierung in den Westfjorden (rechts oben).

Valentinstag: Verliebte Frauen verehren ihrem Angebeteten ein kleines Geschenk. Ausgerechnet im unbeständig-kühlen Island ist der erste Sommertag kalendarisch festgelegt: Jeweils am dritten Donnerstag im April werden in Island T-Shirt und kurze Hosen »befohlen«, auch wenn es gerade einmal wieder stürmt und schneit. Der 17. Juni, der Geburtstag von Islands Freiheitsheld Jón Sigurðsson, ist der isländische Nationalfeiertag, und eine Woche später bietet der längste Tag des Jahres, Mittsommer, traditionell am Johannistag (isländisch Jónsmessa), dem 24. Juni, begangen, erneut Anlass, eine helle Nacht durchzufeiern. Entsprechend dem angelsächsischen Bank Holiday wird das erste Augustwochenende um einen Feiertag für die Angestellten verlängert und so in jedem Jahr zum beliebtesten Reisewo-

Am 1. Dezember wird der Erlangung staatlicher Souveränität im Jahr 1918 gedacht.

Vorsorge

Besondere Vorsorge ist vor einer Reise nach Island nicht zu treffen, Impfungen sind nicht vorgeschrieben. Derzeit existiert noch kein Krankenkassenabkommen zwischen Deutschland und Island, weshalb sich vorsorglich der Abschluss einer Auslandskrankenversicherung empfiehlt. Da es nur wenige niedergelassene Ärzte in Island gibt, sucht man im Fall einer Verletzung oder Erkrankung eines der in vielen Orten eingerichteten Gesundheitszentren (*heilsugæslustöð*) auf.

Anreise

Island wächst dem Kontinent jedes Jahr einen Zentimeter

verkürzt. Ganzjährig fliegt Icelandair den Internationalen Flughafen in Keflavík von Frankfurt a. M. aus an und in der Hauptsaison auch von anderen Flughäfen, ebenso wie einige deutsche Charterfluggesellschaften. Zusätzlich gibt es seit 2005 mit Iceland Express den ersten isländischen Billigcarrier auf dem Markt. Vom Internationalen Flughafen »Leifur Eríksson« verkehren sogenannte Flybusse nach Reykjavík, sie starten nach jedem gelandeten Flugzeug.

Wer das eigene Auto mit nach Island nehmen möchte, ist auf die Autofähre Norröna der färöischen »Smyril Line« angewiesen, die in den Sommermonaten vom dänischen Hanstholm mit zweitägigem Zwischenaufenthalt auf den Färöern nach Seyðisfjörður an der isländischen Ostküste fährt. In begrenzter Anzahl nehmen

Fortsetzung auf Seite 168

Fisch und (Schaf-)Fleisch

Frisches oder Gesäuertes aus der isländischen Küche

1 Eine echte Delikatesse: isländische Blaubeeren.
2 Delikatesse mit strengem Beigeschmack: vergorenes Haifleisch – 3 und sein Lieferant, der 3–8 Meter große Eishai.
4 Trockenfischgestelle auf den Vestmannaeyjar.
5 Bestandteil des traditionellen Winteressens: halbierte Schafsköpfe mit Rüben.
6 Zum Dessert frische Waffeln mit Beerenmus und Schlagsahne.

Nirgends kommt der Fisch frischer an Land und auf die Teller als in dem vom kalten und sauerstoffreichen Nordatlantik umflossenen Island. Das ist das Glück der isländischen Küche. An kulinarischer Raffinesse hat sie nämlich außerhalb der Hauptstadt wenig zu bieten. Auf dem Lande gilt vielerorts die Devise: Was es nicht bei uns im Landhandel gibt, braucht man nicht wirklich im Leben. So mancher eingefleischte ältere Isländer, der sich von Kochfisch und Kartoffeln ernährt, hält Obst und Gemüse bis heute für völlig überflüssige Luxuswaren aus dem Ausland. Unvergleichlich lecker, weil meist absolut frisch, munden Fische jeder Art. Das Angebot reicht von den inzwischen vier Forellenarten in den Seen über den im Sommer die Flüsse hinaufwandernden Lachs bis hin zu Schellfisch, der auf der Zunge zergeht. Es reicht über den wie Hummer schmeckenden Seeteufel bis zu Tiefseeköstlichkeiten wie Kaiser- oder Granatbarsch. Die zweite Köstlichkeit isländischer Speisekarten liefern die überall frei herumlaufenden Schafe: mageres, zartestes Lammfleisch. Aus ihm bestehen selbst Hamburger Buletten und Hotdogs: Am liebsten verzehrt es der Isländer jedoch in Form ganzer gegrillter Lammkeulen. Bei zwei Anlässen des Winterhalbjahres geraten die Isländer geradezu in Verzückung. Emp-

6

5

findlichen Nasen ist an diesen Tagen allerdings von einem Aufenthalt im Land abzuraten. Wer jedoch neugierig ist, braucht nur dem strengen Geruch nachzugehen.

Einen Tag vor Heiligabend, es ist der Tag des heiligen Þorlákur, Islands einzigem Heiligen, stinkt das ganze Land nach gekochtem Urin. Dann gibt es gegorenen Rochen mit ausgelassenem Hammelfett und klarem Schnaps, Brennivín, der vor Jahren noch mit einem Totenkopf auf dem Etikett als »Schwarzer Tod« verkauft wurde. Ähnlich wie der Eishai, eine weitere Köstlichkeit, lagert der Rochen in seinem Gewebe Harnstoffe ab. Damit diese sich zersetzen können, wurden die erlegten Tiere für eine Weile in der Erde vergraben. Verbliebene Reste werden beim Kochen als Ammoniak frei. Das zweite große Festessen findet in dem nach altem, heidnischem Kalender Þorri genannten Mittwintermonat im Januar, Februar statt. Es war früher die Zeit, in der das Fleisch der Herbstschlachtung aufgezehrt war und man im wahrsten Sinn des Wortes ans Eingemachte heran musste. Da in Island weder Obst, Gemüse noch Feldfrüchte angebaut werden konnten, mussten sich die Menschen überlegen, wie sie mit ihren begrenzten Mitteln Fisch und Fleisch für die langen Wintermonate haltbar machen konnten. Die einfachste Lösung bestand im Trocknen an der Luft oder im Rauch. Oder man legte das Fleisch in saurer Molke ein. Sie verhinderte mit ihrem niedrigen pH-Wert das Bakterienwachstum und fügte dem Fleisch Vitamine hinzu. In die Molke kam fast alles, was nach dem Schlachten nicht unmittelbar verzehrt wurde: gekochte Innereien, Lammfleisch sowie die Hoden der Hammel. Beim heutigen Zelebrieren dieses traditionellen Essens gehören auf eine zünftige Platte mit Þorramatur: geräuchertes Lammfleisch, Blutpudding in Aspik, abgesengte und halbierte Schafsschädel (mit Auge), sauer eingelegte Hammelhoden und vergorener, fermentierter Hai, Trockenfisch mit Butter und dazu dünnes Fladenbrot.

167

auch die Frachtschiffe der isländischen Reederei Eimskip Passagiere und Fahrzeuge von Hamburg oder Rotterdam mit nach Reykjavík.

Ein Einreisevisum ist für Staatsbürger der EU nicht erforderlich.

Zeitverschiebung

In Island gilt Weltzeit (GMT). Die Uhren dort gehen gegenüber unseren um eine, während der Mitteleuropäischen Sommerzeit (MESZ) um zwei Stunden nach.

Ein Hauch von Abenteuer: Flussdurchquerung im Hochland (oben). Bläst er? Ausfahrt zur Walbeobachtung bei Húsavík (oben Mitte). Für die Fahrt zwischen Eisbergen: ehemaliges Amphibienboot der US-Armee (rechts). – Nicht jedermanns Sache: Eisspaltenklettern im Vatnajökull (ganz rechts).

Auskunft

erteilt das Isländische Fremdenverkehrsamt Visit Iceland (Rauchstraße 1, 10787 Berlin, E-mail: info@icetourist.is; www.visiticeland.com), in konsularischen Fragen die Botschaft der Republik Island (Rauchstr. 1, 10787 Berlin, www.botschaft-island.de) oder eines der Honorarkonsulate in Bremerhaven, Cuxhaven, Düsseldorf, Frankfurt a. M., Hamburg, Köln, München, Stuttgart, Warnemünde und Wissen. Eine nützliche Adresse für Wanderer: www.isafold.de

Da in Island aufgrund seiner nördlichen Lage kaum einmal zwei Tage im Jahr gleich lang sind, hat man gänzlich darauf verzichtet, dort eine Sommerzeit einzuführen.

Fortbewegung

Island verfügt über sehr viel mehr Inlandflughäfen als man bei der geringen Einwohnerzahl vermuten könnte. Selbst die winzige Insel Grímsey vor der Nordküste direkt auf dem Polarkreis besitzt mit ihren kaum 50 Einwohnern eine Landebahn, die unmittelbar vor dem einzigen Hotel der flachen Insel endet. Wegen der im Winter oft schwierigen Straßenverhältnisse nehmen Isländer häufig lieber das Flugzeug als den Wagen, um etwa Freunde in der Hauptstadt zu besuchen. Egilsstaðir im

bedenken ist, dass isländische Verleihfirmen den Großteil ihrer Jahresumsätze in diesen beiden Monaten erzielen müssen.) Darum ziehen es viele Besucher gerade aus Deutschland vor, mit dem eigenen Wagen per Fähre

das Wasser in den Furten binnen Stunden gefährlich ansteigen lassen oder die Pisten selbst zu rutschigen bis unpassierbaren Schlammstrecken machen. Gesperrte Straßen sollte man keinesfalls befahren wollen und

Die Autofähre »Norröna« im Hafen Seyðisfjörður (oben).
Immer eindrucksvoll: Auf dem Heuwagen durchs Haff nach Ingólfshöfði (links).

anzureisen. Das Straßennetz, dessen Asphaltbelag vor 30 Jahren kaum über die Hauptstadt hinausreichte, ist inzwischen gut ausgebaut, die Ringstraße um die Insel nahezu vollständig asphaltiert. Das Fahren auf den sonstigen Schotterstraßen verlangt von ungeübten Fahrern aus dem Ausland besondere Vorsicht, ist aber ansonsten problemlos zu bewältigen. Von ausländischen Autofahrern immer wieder unterschätzt werden jedoch die mit einem »F« gekennzeichneten Hochlandpisten. Flüsse entlang dieser Routen sind oft nicht überbrückt, schmelzender Schnee oder anhaltender Regen können

sich bei schlechten Wetter- und Streckenverhältnissen vor einer Fahrt ins Hochland beim Straßenverkehrsamt über den Zustand der Piste erkundigen (www.vegagerdin.is, Telefon: 00354/522 1000).

Unterkunft

Der Tourismus ist der zweitwichtigste Wirtschaftszweig Islands. Seit dem Jahr 2000 besuchen jährlich mehr ausländische Gäste das Land als es Einwohner hat. Entsprechend wurden Übernachtungsmöglichkeiten geschaffen, die vom einfachen Zeltplatz bis zu erstklassigen Mehrsternehotels reichen. Gerade in diesem Hochpreissegment sind in den letzten Jahren etliche neue Anlagen nicht nur in der Hauptstadt, sondern auch an sehr attraktiven Standorten

Osten verfügt über einen Flugplatz, auf dem auch Jumbos starten und landen können, damit Familien und Vereine aus dem Osten ohne den Umweg über Keflavík zum Shoppen nach England fliegen können. Eine Eisenbahn gibt es hingegen in Island nicht. Dafür ein gut funktionierendes System von Überlandbussen, die im

Sommer sogar regelmäßig die Hochlandpisten befahren, sodass auch Rucksackreisende problemlos die heißen Quellen von Hveravellir besuchen oder den Sprengisandur im Hochland bereisen können.
Mietwagen sind, besonders in der Hauptsaison, für unsere Vorstellungen geradezu schwindelerregend teuer. (Wobei zu

Fortsetzung auf Seite 172

Island erfahren

Die fünf schönsten Routen

1. Hringvegur – eine Inselumrundung

Für jeden Erstbesucher ist und bleibt die gut 1340 Kilometer lange Ringstraße rund um die Insel eine auf vielen Abschnitten atemberaubende Strecke.
Erst 1974 in ihrem schwierigsten Abschnitt fertiggestellt, ist sie

mittlerweile fast vollständig asphaltiert und an etlichen Stellen entschärft worden. So erreicht man, entweder in der Hauptstadt oder im Fährhafen Seyðisfjörður beginnend, auf ihr bequem viele der schönsten Sehenswürdigkeiten der Insel, angefangen von den Fjorden der Nordküste über den Mývatn und die einsamen Wüsten des östlichen Hochlands bis zu den Ostfjorden oder auf der Südroute das Panorama des Vatnajökull, die Gletscherlagune Jökulsárlón,

die weiten Sander der Südküste, Kap Dyrhólaey, den Lochfelsen am südlichsten Punkt, oder die bilderbuchschönen Wasserfälle von Skógar und Seljaland.

2. Snæfellsnes-Rundfahrt

Bei dem kleinen Städtchen Borgarnes von der Ringstraße auf die Straße Nr 54 abbiegend, geht es über die flachen Mýrar (»Moore«) hinaus zur Halbinsel Snæfellsnes. Markant hebt sich der ehemalige Explosionskrater und steinerne Ringwall Eldborg (»Feuerburg«) aus seinem umgebenden Lavafeld, den man sich leicht als die erloschene Waberlohe um Brünhilds Burg auf Isenstein vorstellen kann. Entlang der Südküste der Halbinsel breiten sich überall meilenweite goldgelbe Sandstrände aus, die sonst auf Island kaum anzutref-

fen sind. Über ihnen thront, von weither zu sehen, der majestätische, weiß vergletscherte Snæfellsjökull mit geradezu magischer Anziehungskraft. An den Vogelfelsen der Lóndrangar vorbei umrundet man ihn und fährt dann durch die einschneidenden Fjorde der Nordküste mit dem markanten Kirkjufell (»Kirchenberg«) zu dem alten Hafenstädtchen Stykkishólmur.
Von dort geht es auf mehreren Passstraßen über die Bergkette im Innern der Halbinsel zurück oder man nimmt die kleine Fähre »Baldur« hinüber in die Westfjorde.

3. Durch die Westfjorde

Hier hat es mit dem Asphaltbelag auf den Straßen rasch ein Ende. Will man vom Fähranleger Brjánslækur, in dessen Nähe einst Raben-Floki überwinterte, hinaus zu Europas westlichstem Punkt, dem Leuchtturm bei den über 400 Meter hohen Vogelfelsen von Látrabjarg, wird es bald sehr einsam. Doch auch in den Seitenarmen des großen, vielfach verästelten Arnarfjörður verlieren sich die wenigen Menschen. Wale schwimmen bis in die Fjorde hinein. Eine Landschaft, über der Adler kreisen, Sagaschauplätze. Über eine hundert Meter hohe Felskante stürzt sich in breit schäumenden Kas-

kaden der Dynjandi in den Fjord, Islands schönster Wasserfall. Auf dem nahen Hof Hrafnseyri lebte im 12. Jahrhundert Islands erster Arzt, der bei den Johannitern in Spanien studierte, und 1811 kam dort Islands Freiheitsheld Jón Sigurðsson zur Welt.
Die steilen nackten Hänge der Tafelberge lassen nur schmale Uferstreifen zur Besiedlung frei und bedrohen sie in den langen Wintern mit todbringenden Lawinen. 1995/96 wurden gleich zwei Ortschaften von solchen Lawinen überrollt, viele Menschen starben. Am Ende des Vestfjarðavegur schlüpft man durch einen Tunnel und landet in der größten Stadt der ausgedehnten Halbinsel: Ísafjörður, 3500 Einwohner und geschützter, wichtiger Hafen.
Von so hohen Bergen eng umstanden, dass im Winter zwei Monate lang die Sonne nicht zu sehen ist.

4. Kjalvegur

Sind die bisher beschriebenen Touren doch immerhin mit gewöhnlichen PKW's zu schaffen, empfiehlt sich für die Hochlandüberquerung auf der Piste über den Kjölur ein zumindest nicht wasserscheues Fahrzeug, das sich für die Durchquerung von Furten eignet, in denen das Wasser auch über die Radnaben

Nördlicher Polarkreis
Grímsey
HORNSTRANDIR
Ísafjarðardjúp
Bolungarvík
Ísafjörður
Drangajökull
Gjögur
Þingeyri
Arnarfjörður
WESTLICHE HALBINSEL
Patreks-fjörður
Bíldudalur
Patreksfjörður
Hólmavík
Brjánslækur
FLATEY
Reykhólar
Breiðafjörður
Stykkishólmur
Hvammsfjörður
Búðardalur
Grundarfjörður
Ólafsvík
SNÆFELLSNES
Búðir
Arnarstapi
WESTLAND
Hvítárdalur
Húsafell
Borgarnes
Faxaflói
Akranes
Reykjavík
Hafnarfjörður
Keflavík
REYKJANES
Grindavík
Krísuvík
Blaue Lagune
Hellisheiði
Hveragerði
Selfoss
Þingvallavatn
NATIONALPARK ÞINGVELLIR
Þingvellir
Laugarvatn
Skjaldbreiður
Geysir
Gullfoss
Haukadalur
Þórisjökull
Langjökull
Eiríksjökull
Skorradal
Biskupstungur
Hvítá
Þjórsá
Þjórsárdalur
SÜDLAND
Kerlingarfjöll
Hofsjökull
Kjalvegur (Kjölur)
Hella
Hvolsvöllur
Hekla
Landmannalaugar
Eldgjá
Laki (Lakagígar)
Langisjór
Þórsmörk
Eyjafjallajökull
Mýrdalsjökull
Skógar
Dyrhólaey
Vík
Heimaey
VESTMANNAEYJAR (WESTMÄNNER-INSELN)
SURTSEY
Asar
Kirkjubæjarklaustur
SKEIÐARÁRSANDUR
Hvannadalshnúkur
Öræfajökull
NATIONALPARK SKAFTAFELL
Grímsfjall
Grímsvötn
Vatnajökull
Bárðarbunga
Kverkfjöll
Jökulsárlón
Höfn
Hornafjörður
Djúpivogur
Berufjörður
Snæfell
OSTLAND
Fáskrúðsfjörður
Eskifjörður
Neskaupstaður
Norwegen Dänemark Faröer
Atlavík
Egilsstaðir
Lagarfljót (Lögurinn)
Seyðisfjörður
Borgarfjörður
Héraðsflói
Vopnafjörður
Bakkafjörður
Bakkaflói
Þórshöfn
Þistilfjörður
Raufarhöfn
Kópasker
Öxarfjörður
Ásbyrgi
Hljóðaklettar
NATIONALPARK JÖKULSÁRGLJÚFUR
Húsavík
Skjálfandi
Dettifoss
Leirhnjúkur
Krafla
Mývatn
Reykjahlíð
Jökulsá á Fjöllum
NORDLAND-OST
Herðubreið
Dyngjufjöll
Öskjuvatn
Askja
Akureyri
HRÍSEY
Dalvík
Ólafsfjörður
Eyjafjörður
Siglufjörður
Skagafjörður
Hofsós
Varmahlíð
Sauðárkrókur
Skagaströnd
Húnaflói
Blönduós
VATNSNES
Hvammstangi
NORDLAND-WEST
ATLANTISCHER OZEAN
0
50 km
N
Flughafen (Intern.)
Flughafen (National)
Nationalpark
Gletscher
Heiße Quelle
Piste
Fähre
Wasserfall
BAFFIN-INSEL
GRÖNLAND
SPITZBERGEN
NORWEGEN
KANADA
ISLAND
GROSS-BRITANNIEN
IRLAND

steigt. Im Süden beginnt die Piste F 35 hinter dem Geysir beim Goldenen Wasserfall Gullfoss und führt zum Gletschersee Hvítárvatn hinauf, in den der Langjökull kalbt. Vor der Wasserscheide zweigt die Piste in die hellen Liparitberge der Kerlingarfjöll ab. Kaum jemand wird diese Fahrt nicht für ein Bad in den heißen Quellen von Hveravellir mitten im kalten Hochland unterbrechen wollen, ehe es am Stausee der Blanda vorbei der Nordküste entgegengeht.

5. Fjallabaksleið

Vorsicht, diese Route ist auch nach ihrer Freigabe meist erst Mitte Juni nur von geländegängigen Fahrzeugen zu bewältigen! Die leichtere Anfahrt von Reykjavík führt auf zunächst guter Straße zum Búrfells-Kraftwerk, die schönere östlich der Þjórsá und durchs Dómadalur mit mehreren Furten nach Landmannalaugar. Die Flüsse dort und auf dem folgenden Abschnitt zur riesigen Vulkanspalte Eldgjá spülen selbst in den Furten schon einmal über die Motorhaube und können nachgiebigen Treibsand oder große Steinblöcke in ihrem Bett bereithalten. Die Piste windet sich durch eine fast schwarze Berg- und Wüstenlandschaft, in der neongrüne Polster von Quellmoos zur Farbsensation werden. Das Fahren selbst wird zum fast rauschhaften Erlebnis, bis man entlang der gefährlichen Skaftá allmählich wieder Anzeichen der Zivilisation bemerkt, ehe man zwischen Vík und Kirkjubæjarklaustur die Ringstraße erreicht.

Oft bauten sich Einzelhofbauern ihre eigene Kirche wie hier auf Snæfellsnes (links Mitte). Lóndrangar, Vogelfelsen am Fuß des Snæfellsjökull (links oben). Fagrifoss, der »schöne Wasserfall«, auf dem Weg zur Laki-Spalte (rechte Seite unten).

entlang der gesamten Küste entstanden. Exklusive Fishing Lodges, in denen sich auch die Royals aus England und Skandinavien zum Lachsangeln einmieten, gehören ebenso dazu wie Golfhotels.

Mittelklassehotels sind in mehreren nationalen Ketten zusammengeschlossen. Etwas preis-

Währung

Island ist nicht Mitglied der EU und verfügt noch über seine eigene Währung, die Isländische Krone. Für einen Euro erhält man derzeit etwa 161 IKR. Interessanterweise hat das Land kaum ein Girokontowesen aufgebaut, doch sind andererseits

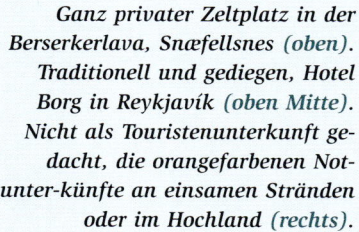

Ganz privater Zeltplatz in der Berserkerlava, Snæfellsnes (oben). Traditionell und gediegen, Hotel Borg in Reykjavík (oben Mitte). Nicht als Touristenunterkunft gedacht, die orangefarbenen Notunter-künfte an einsamen Stränden oder im Hochland (rechts).

werter sind die Edda-Hotels in ehemaligen oder nur im Winter genutzten Schulgebäuden, in denen man meist auch eine billigere Schlafsackunterkunft bekommen kann. Eine gute Alternative bieten in der Stadt kleine, gemütliche Pensionen (gistiheimili) und auf dem Land oft Unterkünfte auf Bauernhöfen. Viele von ihnen sind über die Dachorganisation Ferðaþjónusta bænda (www.farmholidays.is) zu buchen.

Banken zur Bargeldbeschaffung offenbar nicht für alle Isländer stets in zumutbarer Nähe gewesen. Stattdessen war es in Island lange üblich, alles und jedes mit einem Scheck zu bezahlen, und so war es etwas völlig Normales, wenn jemand in einer Bäckerei das Scheckheft zückte, um zwei Frühstücksbrötchen zu bezahlen. Inzwischen ist das Scheckheft durch die Kreditkarte abgelöst worden, und kaum ein Volk dürfte mehr Plastikkarten mit sich herumschleppen als die Isländer. Für ausländische Reisende hat das den Vorteil, dass sie mit den gängigen Kreditkarten (nicht EC) nahezu alles überall auf der Insel bezahlen können. Wer es darauf anlegt, kommt wochenlang vollkom-

gen das überschaubare Angebot und die Preise.

Norweger dürften so ziemlich die einzigen Touristen sein, die nach Island kommen und dort Artikel billiger finden als bei sich zu Hause. Das allgemein hohe Preisniveau gilt natürlich auch für die Geschäfte in der Hauptstadt. Besonders in deren Mar-

Reykjavík sehr viel Spaß machen kann.

Telefon

Island weist pro Kopf vielleicht die größte Handydichte der Welt auf. Bei längerem Aufenthalt lässt sich problemlos eine isländische SIM-Karte für das mitge-

Wer's zünftig mag: Wikingergaststätte Fjörukráin, Hafnarfjörður (oben). Die ehemalige Faktorei in Ísafjörður, heute Hotel und Restaurant (links).

kenläden aber lohnt sich eventuell ein genauerer Blick. Durch das allgemein verbreitete Tax-Free-System können gerade teure Markenartikel unter Umständen sogar günstiger sein als bei uns. Und das Angebot an ihnen hat inzwischen Weltstadtniveau. Die Läden in den großen Malls oder den überschaubar wenigen Einkaufsstraßen der Innenstadt sind oft sehr modern oder geschmackvoll eingerichtet und gut sortiert, das Personal durchweg freundlich bis gut gelaunt, sodass Einkaufen in

führte eigene Gerät besorgen. Erreichbarkeit ist in besiedelten Gegenden fast überall gewährleistet. Im Hochland ist man dazu übergegangen, Orte, an denen Netzabdeckung gegeben ist, mit eigenen Schildern zu kennzeichnen. Die isländische Landesvorwahl von ausländischen Apparaten lautet 00354, Ortsvorwahlen wurden vor einigen Jahren abgeschafft. Die Vorwahl von Island nach Deutschland lautet 0049, nach Österreich 0042 und in die Schweiz 0041.

Trinkgeld

Island ist ein sehr angenehmes Reiseland. Zur Entspannung trägt unter anderem bei, dass

men ohne Bargeld auf der Insel zurecht.

Einkaufen

Außer zur eigenen Versorgung und dem Erwerb von Mitbring-

seln wie den nun sogar modisch gewordenen Islandpullovern wird man in den kleinen Supermärkten, Landhandeln oder Tankstellen auf dem Land als ausländischer Besucher nicht viel einkaufen wollen. Dafür sor-

man sich nicht den Kopf darüber zerbrechen muss, wie viel Trinkgeld denn nun wieder landesüblich wäre.

In Island gibt es kein Trinkgeld. Ein Isländer akzeptiert den Gegenwert für eine von ihm erbrachte Leistung, ein zusätzliches Trinkgeld aber würde ihn in seinen Augen nicht zum Geschäftsfreund, so das isländische Wort für dieses Verhältnis, sondern zum Almosenempfänger machen und seinen Stolz verletzen.

Baden

Das Meer hat auch im Sommer eine Temperatur von unter 10 Grad Celsius! Dennoch gehört Badekleidung unter allen Umständen ins Reisegepäck, denn allein die Thermalfreibä-

der in Reykjavík, von denen es in jedem Stadtviertel eines gibt, sind die Mitnahme von Badehose oder Bikini wert. Die Isländer nutzen sie zu jeder Tageszeit; Büroangestellte verbringen dort ihre Mittagspause, und die bis zu 41 Grad warmen Hotspots ersetzen besonders älteren Menschen den Stammtisch. Hinzu kommen die außergewöhnlichen Gelegenheiten zum Baden in vielen geothermisch geheizten Schwimmbecken am Ufer eines Fjords oder in einer heißen natürlichen Quelle oder einem naturbeheizten Bachlauf oder Tümpel mitten im wüsten Hochland oder, als Gipfel des Exzentrischen, in der Dampfsauna auf dem Dach eines Gletschers, umgeben von Tausenden Quadratkilometern Eis.

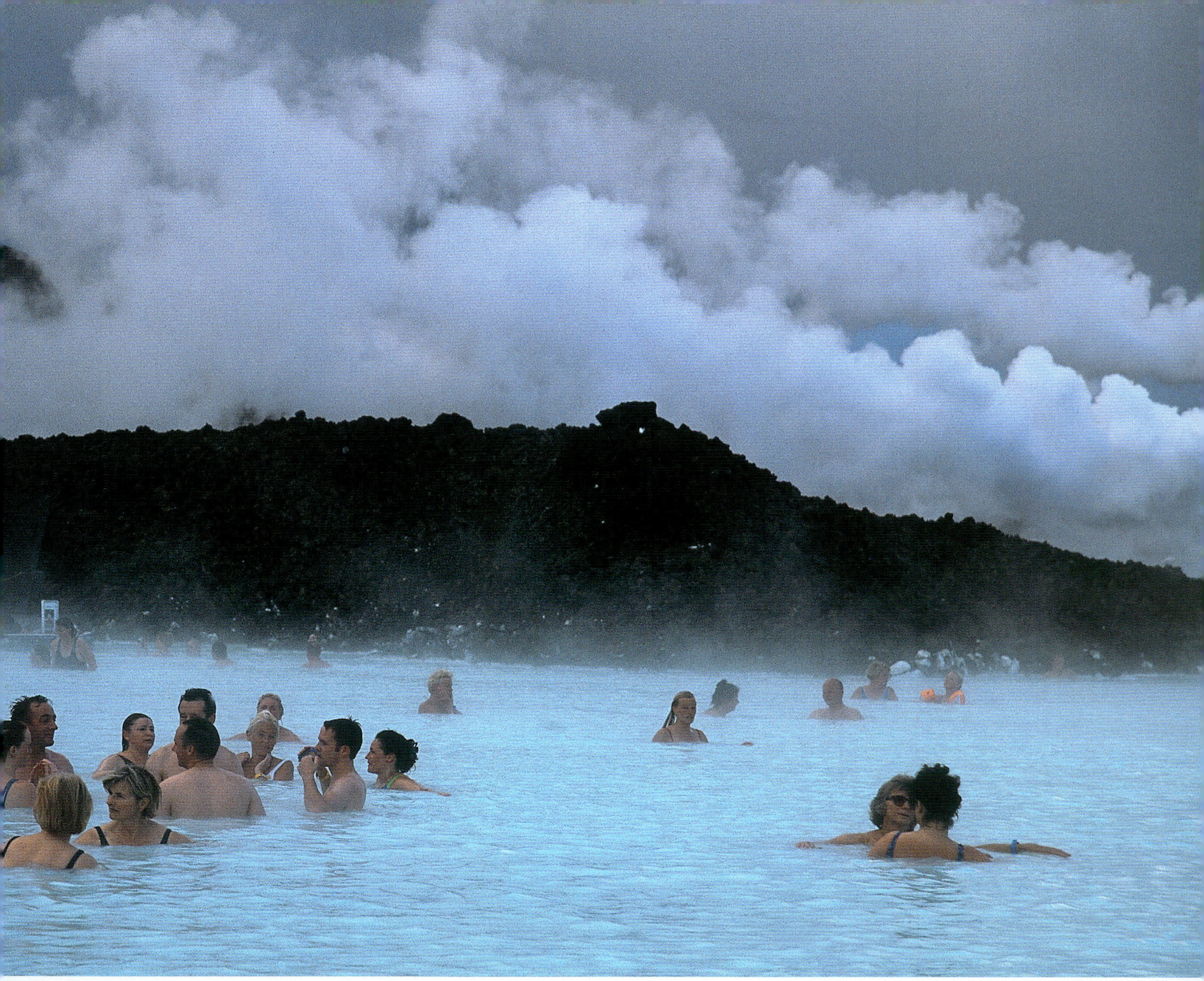

Linke Seite:
Die naturbeheizte Badewanne von Snorri Sturluson aus dem 13. Jahrhundert (ganz oben).
Island freut sich auf den Treibhauseffekt. Straßencafé in Heimaey (oben).
Nationalsport: Dümpeln in heißem Wasser wie hier in der Blauen Lagune (Mitte).
Golf ist ein echter Breitensport, erfordert aber oft gute Windkalkulationen (unten).
Angler brauchen in Island kaum zu übertreiben (und tun's trotzdem) (links).

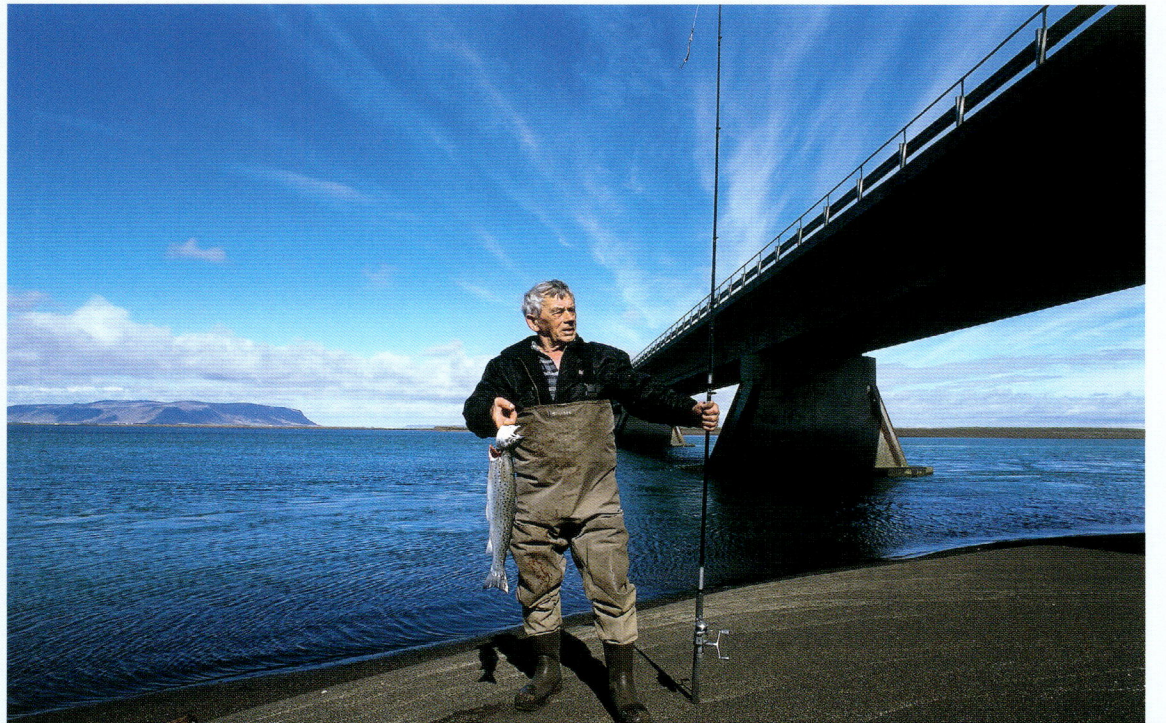

Ungezähmte Natur

Die isländischen Nationalparks

1 Nationalpark Snæfellsnes, Vogelkolonie in den Lóndrangar.
2 Parlament unter freiem Himmel: die Allmännerschlucht in þingvellir.
3 Wie die Orgelpfeifen. Basaltsäulen am Svartifoss, Skaftafell.
4 Islands Grand Canyon: Jökulsárgljúfur.

Seite 178/179:
Im Nationalpark Þingvellir im Südwesten von Island.

N ur« vier Nationalparks hat die Insel aufzuweisen, unter ihnen befindet sich allerdings der größte Europas, und wenn die isländische Regierung ihn gemäß ihren Ankündigungen demnächst in seiner Ausdehnung noch einmal mehr als verdoppelt, wird mehr als ein Zehntel der gesamten Landesfläche in Nationalparks geschützt sein.

In Island interessierte man sich schon früh für die in den USA geborene Idee, besondere Naturlandschaften durch die Einrichtung solcher Parks zu schützen, und als die 1930 anstehende Tausendjahrfeier der Einrichtung des Althings näher rückte, richtete man um seine gewissermaßen heilige Stätte in *Þingvellir*

den ersten Nationalpark ein. Von seiner historisch wie geologisch überragenden Bedeutung, der er 2004 seine Aufnahme in die Liste des Weltkulturerbes verdankt, war bereits die Rede (siehe Seite 145). Ihretwegen, aber auch infolge der Nähe zum Ballungsraum um die Hauptstadt, ist Þingvellir mit jährlich über 300 000 Besuchern der frequentierteste der isländischen Nationalparks. Zum Vergleich: Yellowstone, der älteste Nationalpark der Welt, hat jährlich drei Millionen Touristen zu verkraften. Wer Muße mitbringt, findet also durchaus noch Ruhe, besonders in den seit nunmehr bald 80 Jahren ungestört heranwachsenden Birkenwäldern im östlichen Teil der von tiefen

Spalten durchzogenen Senke, in denen sich zu allen Jahreszeiten wunderschöne Spaziergänge unternehmen lassen, auf denen einem unversehens eine Gruppe gut getarnter Schneehühner über den Weg laufen kann.

An der Ringstraße leicht erreichbar liegt auch der 1967 gegründete zweite Nationalpark von *Skaftafell* am Südrand des Vatnajökull (siehe Seite 131). Zugleich stellt der an seinem Fuß angelegte Campingplatz die einzige größere Übernachtungs- und Versorgungseinrichtung im Umkreis von annähernd 100 Kilometern dar, sodass er im Hochsommer oft einer kleinen Zeltstadt gleicht. Hauptanziehungspunkt der Wanderer ist der in einer halben Wegstunde

zu erreichende Wasserfall Svartifoss, der über regelmäßig wie
Orgelpfeifen erstarrte Basaltsäulen herabstürzt. Etwas mehr
Kondition erfordert die sieben-

stündige Wanderung von Meereshöhe über den stetig anstei-
genden Höhenrücken Skaftafell
hinauf zu den 1126 Meter hohen
Kristínartindar. Dafür wird man

mit einem grandiosen Rundum-
blick über die endlosen Sanderflächen, einige Talgletscher des
Vatnajökull und hinauf zu
Islands höchstem Gipfel be-
lohnt.

Wer lieber nicht so hoch hinaus
möchte, kann auf einer Fußgän-
gerbrücke die Abflüsse des Mor-
sárjökulls überqueren und in
einer etwa sechsstündigen Wanderung am gegenüberliegenden
Hang Islands höchsten Birkenwald besuchen und auf dem
Rückweg ein Bad in einer warmen Quelle nehmen, umgeben
von Gletschern.

Nicht an der Ringstraße und entsprechend abgelegener liegt der
1973 gegründete Nationalpark
Jökulsárgljúfur. Dieser etwas
schwer auszusprechende Name

bezeichnet die Schlucht der
vom Vatnajökull nach Norden
strömenden Jökulsá á Fjöllum,
in der sich gleich mehrere
spektakuläre Wasserfälle, unter
ihnen der 45 Meter hohe Dettifoss, befinden. Die eigentliche
Schlucht ist 25 Kilometer lang
und derart grandios, dass sie oft
als der Grand Canyon Islands
bezeichnet wird. Die Piste am
Westufer des Flusses ist schwie-
riger zu befahren, gewährt aber
den schöneren Blick auf den
Dettifoss und führt zu den
Hljóðakléttar, einem vom Fluss
durchschnittenen Lavafeld mit
äußerst bizarren Formationen.
2001 wurde der »Snæfellsjökull«
mit seinem Unterland zum vor-
erst letzten Nationalpark in
Island erklärt.

Menschen, Orte, Begriffe

Eine der wenigen katholischen Kirchen des lutherischen Island (links). – Kleine Steinwächten markieren den alten Postweg am Mývatn (oben). – Die Kirche von Akureyri auf ihrem Hügel über Stadt und Fjord (unten).

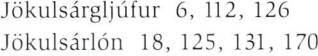

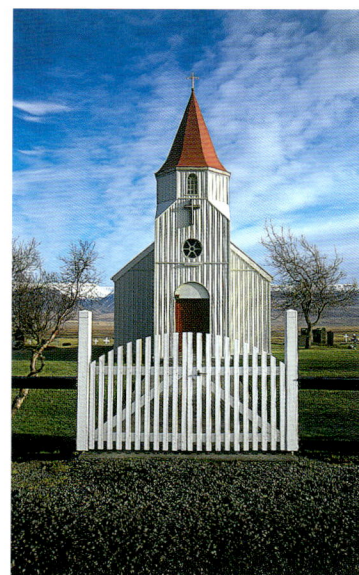

Unterschlupf des Outlaws Eyvindur im Hochland (links).
Kirche für einen Bauernhof, Glaumbær, Skagafjörður (ganz oben).

Aus birkenbewachsener Lava rauscht das Wasser zu den Hraunfossar (oben). – Am dampfenden Nabel der Insel: Kerlingarfjöll im zentralen Hochland (rechte Seite).

Impressum

Dank des Fotografen

Mein besonderer Dank gilt Elísa Vilbergsdóttir, Kerstin Langenberger, Stefan Weymar, Christine Rau, Andreas und Stefania Resch, Kai-Uwe Küchler, Brigitte und Jürgen Krüger sowie: Natur-pur-reisen, Rieselfeldallee 12, 79111 Freiburg, Tel.: 0761-80 80 06, www.natur-pur-reisen.de

Einbandfotos

Vorderseite: Seljalandsfoss
Rückseite: Islandschimmel am Mývatn.
Vorsatz und Nachsatz: Hornstrandir; S. 1: Junge Isländerin
S. 3: Fabelwesen (oben), Geysir

Bildnachweis

Cinetext, Frankfurt am Main: S. 36/37, 37 l.u.; dpa/picture-alliance, Frankfurt am Main: S. 29 r; 36/3, 37/6, 114/115, 115 l. u.; Herder Verlag, Freiburg: S. 36 l. Kárahnjúkar Hydropower Project: S. 128 l.; Kai-Uwe Küchler, Berlin: S. 64/65 (6); Kerstin Langenberger, Lohmar: S. 92/3 und 5, 167 l.u., S. 168 M.u.; Ljósmyndasafn Reykjavíkur (Foto-Museum Reykjavik): S. 37 o. Morgunbla∂i∂/Brynjar Gauti: S. 128/129; Morgunbla∂i∂/Ragnar Axelsson: S. 129 u.; The British Museum, London: S. 28/29; Karl-Ludwig Wetzig, Kasseedorf: S. 170 o., 171 l.u., 183.

Alle übrigen Abbildungen stammen von Olaf Krüger, Stuttgart.

Alle Karten zeichnete Astrid Fischer-Leitl, München.

Alle Angaben dieses Werkes wurden von den Autoren sorgfältig recherchiert und auf den aktuellen aktuellen Stand gebracht sowie vom Verlag geprüft.
Für die Richtigkeit der Angaben kann jedoch keine Haftung übernommen werden.

Lizenzausgabe mit freundlicher Genehmigung
© 2012 Bruckmann Verlag GmbH, München
Titel der Originalausgabe:
Island. Insel der Vulkane und Geysire

Die Deutsche Nationalbibliothek verzeichnet diese Publikation in der Deutschen Nationalbibliografie; detaillierte bibliografische Daten sind im Internet über http://dnb.d-nb.de abrufbar.

© dieser Ausgabe 2016
Anaconda Verlag GmbH, Köln
Alle Rechte vorbehalten.
Umschlaggestaltung: dyadesign, Düsseldorf, www.dya.de unter Verwendung von Motiven aus dem Innenteil
Printed in Czech Republic 2016
ISBN 978-3-7306-0395-6
www.anacondaverlag.de
info@anacondaverlag.de